이 책으로 누 █████████████ 씁니다!

KB075441

- 게임처럼 재미있게 코딩하고 싶은 **어린이**
- 텍스트 코딩에 처음 도전하는 **청소년**
- IT 관련 진로를 생각하는 **초·중·고등학생**
- 창의적인 컴퓨팅 사고력 교육에 관심 많은 **교사·학부모**
- '코딩 공부해야 하는데…' 말만 하고 엄두를 내지 못하는 **코딩 초보자**
- 두꺼운 프로그래밍 책을 보다가 좌절한 **공대 신입생**

"전문 선생님이 없어도 재미있게 실습할 수 있어요!"

아이들이 지루하고 어려워하는 텍스트 프로그래밍을 예쁜 그림과 흥미로운 스토리로 재미있게 배울 수 있도록 세심하게 배려한 점이 놀라웠습니다. 블록 코딩을 넘어 본격적으로 코딩을 배워 보려는 학생들에게 이 책을 추천합니다.

송영광(DLAB 대표)

프로그래밍 교육이 꼭 필요한 시대가 왔지만 블록 코딩에서 텍스트 코딩으로 넘어갈 수 있도록 도와주는 교재는 찾기 어렵습니다.

이 책은 파이썬 프로그래밍을 학생의 눈높이에 맞춰 쉽게 설명하고, 흥미를 잃지 않도록 재미있는 예시와 그림으로 보여 줍니다. 또한 프로그래밍 교육에서 빼놓을 수 없는 실습 문제를 본문 내용과 함께 체계적으로 엮어서 전문 선생님이 없어도 누구든 스스로 배우고 풀어 볼 수 있습니다. 파이썬을 처음 배우는 분들께 적극 추천합니다.

오혜연(카이스트 전산학부 교수)

이 책은 전 세계에서 많이 사용하는 프로그래밍 언어인 파이썬을 엘리스만의 색깔과 스토리로 재미있게 풀어냈습니다. 엘리스 토끼를 따라가면서 자칫 어려울 수 있는 파이썬의 기초 문법을 쉽게 배울 수 있으니 코딩을 시작하는 분들께 좋은 친구가 될 것입니다.

이두희(멋쟁이사자처럼 대표)

"와! 코딩 책을 끝까지 다 본 건 처음이에요!"

와! 코딩 책 한 권을 끝까지 다 본 건 처음이에요. 한번 책을 읽기 시작하니까 손에서 내려놓을 수가 없었어요. 감사합니다!

방원형(모산중 2학년)

중학교 1학년인 아들과 같이 읽었는데 흥미로워하고 실습도 잘 따라 했어요. 이 책만큼 파이썬을 친절하고 쉽게 설명한 책은 못 봤습니다.

문경찬(학부모)

파이썬을 드디어 제대로 이해했어요! 평범한 고등학생인 저도 이렇게 실습을 해낼 수 있는 걸 보면 누구든 할 수 있을 거에요. 이 책은 정말 다릅니다. 강력 추천해요!

장선우(화곡고 2학년)

책 제목처럼 파이썬을 처음 배우는 사람을 위한 '진짜' 입문서입니다! 책에서 이해한 개념을 바탕으로 엘리스 아카데미에서 직접 코딩도 하니 파이썬으로 프로그래밍하는 재미까지 잡을 수 있습니다. 이 책으로 학생들과 함께 수업해 보고 싶습니다.

최경산(대안학교 교사)

가장 단순한 단어와 문장으로 파이썬을 소개해서 쉬웠어요. 이 책을 완독하면 누구나 코딩에 익숙해질 수 있다고 확신합니다.

이재혁(성균관대학교 소프트웨어학과 2학년)

이 책을 함께 만든 엘리스 코딩 운영진

책임 집필 · 이정우 | **브랜드 디자인 및 삽화** · 박주연, 김슬기 | **감수** · 김정현, 박정국, 김수인
콘텐츠 검수 · 김경민, 지동준 | **원작 콘텐츠 과목 공동 제작** · 이호준 | **총괄** · 김재원

만화와 그림으로 '코딩 왕초보' 탈출!

첫 파이썬

게임하듯 배우는 **나의 첫 프로그래밍 책**

엘리스 코딩 지음

이지스 퍼블리싱

코딩별★에
불시착한 보통 사람들을 위한
Do it! 시리즈

Do it! 첫 파이썬 — 게임하듯 배우는 **나의 첫 프로그래밍 책**

초판 발행 • 2020년 4월 10일
초판 8쇄 • 2023년 9월 27일

지은이 • 엘리스 코딩
펴낸이 • 이지연
펴낸곳 • 이지스퍼블리싱(주)
출판사 등록번호 • 제313-2010-123호
주소 • 서울특별시 마포구 잔다리로 109 이지스빌딩 4층
대표전화 • 02-325-1722 | 팩스 • 02-326-1723
홈페이지 • www.easyspub.co.kr • 페이스북 • www.facebook.com/easyspub
Do it! 스터디룸 카페 • cafe.naver.com/doitstudyroom | 인스타그램 • instagram.com/easyspub_it

총괄 • 최윤미 | 기획 및 책임 편집 • 이수진, 최윤미 | IT 1팀 • 이수진, 임승빈, 이수경 | 교정교열 • 박명희
표지 디자인 • 이유경, 정우영 | 본문 디자인 • 트인글터 | 삽화 • 박주연 | 인쇄 • 보광문화사
마케팅 • 박정현, 한송이, 이나리 | 독자지원 • 박애림, 오경신
영업 및 교재 문의 • 이주동, 김요한(support@easyspub.co.kr)

ISBN 979-11-6303-156-7 13000
가격 14,000원

컴퓨팅 사고력과 코딩 능력을 동시에!
문턱 없는 실습으로 쉽고 재미있게 파이썬 입문

**카이스트, 기업 사내 교육으로 사용된
'엘리스 코딩' 교육 콘텐츠를 책으로 만나 보세요**

천만 번의 코드 실행, 7만 명의 수강생으로 검증된 온라인 교육 플랫폼 '엘리스 코딩'의 첫 번째 책이 나왔습니다. 카이스트에서 전교생이 매년 수강하는 CS101 수업을 비롯해 기업 사내 교육 프로그램으로도 사용된 엘리스 코딩으로 여러분의 첫 번째 프로그래밍을 시작해 보세요!

**코딩을 끝까지 공부하게 하는 힘은 바로 '재미'
이 책으로 누구나 코딩을 배울 수 있어요**

모두 개발자가 될 필요는 없지만, 컴퓨팅 사고력과 디지털 역량이 필요한 시대입니다. 하지만 어린 친구들과 비전공자인 일반 사람들에게 코딩의 장벽은 여전히 높게 느껴집니다. 이 책은 지루하고 어렵게 느껴지는 코딩 개념을 만화와 그림, 스토리텔링으로 쉽게 설명해서 코딩의 재미를 맛볼 수 있게 구성했습니다. 끝까지 공부하는 힘은 무엇보다도 '재미'에서 나오니까요.

**176가지 그림과 45가지 [5분 코딩] 문제로
컴퓨팅 사고력과 문제 해결 능력까지 UP!**

어느 날 낯선 코딩별에 떨어진 주인공 '엘리스 토끼'와 함께 코딩 모험을 떠나 보세요. 실생활에 접목한 예시로 프로그래밍의 핵심 개념을 배운 뒤

엘리스 토끼가 만나는 여러 상황을 배경으로 구성된 45가지 코딩 문제를
게임하듯이 풀다 보면 어느새 문제 해결 능력과 컴퓨팅 사고력도 자라날
것입니다.

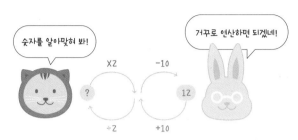

파이썬의 연산자와 수학 문제를 결합한 [5분 코딩] 문제

코딩 기초부터 시작해 '점심 메뉴 추첨기' 프로그램을 만들기까지!

엔트리, 스크래치 등 블록 코딩에서 한 발 더 나아가고 싶다면 텍스트 코딩
을 배워야 할 때! 파이썬은 C 언어나 자바 등 다른 프로그래밍 언어와 달리
문법이 간단해서 어린 학생들도 쉽게 배울 수 있습니다.
이 책의 01장에서는 텍스트 코딩을 처음 시작하는 사람을 위해 기계어, 프
로그래밍 언어 등 소프트웨어의 기본 개념을 알아보고, 이어서 변수, 자료
형, 조건문, 반복문, 함수 등 파이썬의 기초 문법을 배웁니다. 마지막으로
실생활에서 써먹을 수 있는 '점심 메뉴 추첨기', '컴퓨터랑 가위바위보 게
임하기' 프로그램도 만들어 보니 끝까지 따라오세요!

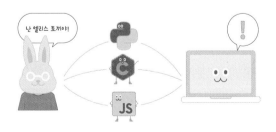

컴퓨터와 대화할 때 필요한 프로그래밍 언어(16쪽)

번호 추첨기(240쪽)

실습할 때 준비할 게 따로 없어요!

스마트폰도 OK! 인터넷만 되면 어디서든 코딩 실습 가능!

이 책은 인터넷으로 '엘리스 코딩' 플랫폼(https://academy.elice.io/)에 접속하면 바로 코딩 실습을 할 수 있도록 구성했습니다. 또한 모바일 엘리스 앱으로 실습 QR 코드를 스캔하면 스마트폰에서도 코딩할 수 있답니다.

이 책으로 파이썬의 기초 개념을 배우고 편리한 온라인 실습으로 직접 코딩해 보세요! 모든 문제를 충실히 풀면 파이썬 기초 마스터 '이수증'도 받을 수 있어요.

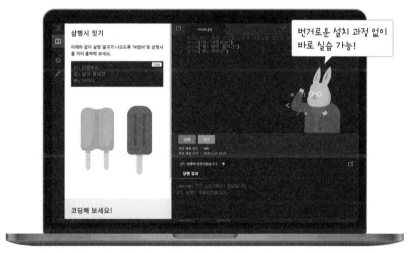

'엘리스 코딩' 플랫폼(https://academy.elice.io/)에 회원가입만 하면
누구든 무료로 코딩 실습을 할 수 있습니다.

'엘리스 코딩'은 코딩 학원으로는 최초로 원격학원으로 승인되었습니다. 원격학원이란 「초·중등교육법」 23조에 따른 '학교 교육과정'을 교습하는 학원으로, 초·중·고등학생에게 온라인으로 강의를 제공할 수 있도록 국가에서 허가한 학원을 말해요. 멀리 갈 필요 없이 집에서는 **자기 주도 학습이 가능한 수준 높은 교육 콘텐츠**로, 학교에서는 **방과 후 활동**으로, 학원에서는 **예습·복습 플랫폼**으로 활용할 수 있습니다.

코딩별★에
불시착한 보통 사람들을 위한
Do it! 첫 파이썬

03
진실 또는 거짓 — 조건문

04
무엇이든 담아요 — 리스트

06

독특한 자료형
친구들

07

코드 꾸러미 만들기
— 함수

56가지 파이썬 기본 개념 사전

이 책을 읽으면 다음 56가지 개념을 모두 이해할 수 있습니다! 쪽수를 찾아 확인해 보세요~

혼자 공부해도 충분하고 교재로도 훌륭해요!
8회 완성 목표를 세우고 달성해서 '파이썬 이수증'을 받으세요!

코딩을 가르쳐야 하는 선생님, 학부모께도 추천합니다!

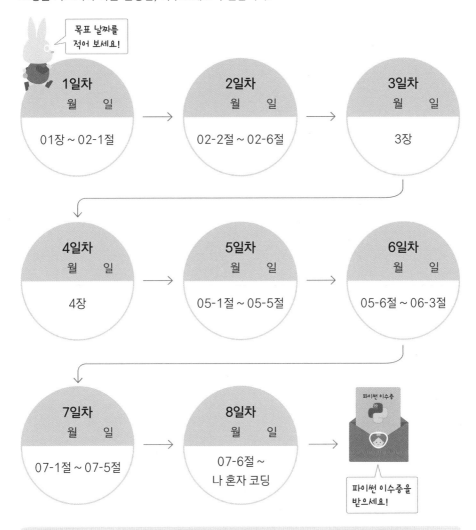

목표 날짜를
적어 보세요!

1일차
월   일
01장 ~ 02-1절

2일차
월   일
02-2절 ~ 02-6절

3일차
월   일
3장

4일차
월   일
4장

5일차
월   일
05-1절 ~ 05-5절

6일차
월   일
05-6절 ~ 06-3절

7일차
월   일
07-1절 ~ 07-5절

8일차
월   일
07-6절 ~
나 혼자 코딩

파이썬 이수증을
받으세요!

책을 통해 스스로 발전하는 지적인 독자를 만나 보세요!
Do it! 스터디룸(cafe.naver.com/doitstudyroom)을 방문해 Do it! 공부단에 참여해 보세요!
공부 계획을 올리고 완료하면 **책 1권을 선물**로 드린답니다(단, 회원가입 및 등업 필수).

컴퓨터야 반가워!

알 수 없는 구멍 속으로 들어간 엘리스 토끼,
알고 보니 그곳은 코딩별이랍니다.
코딩별은 컴퓨터와 대화를 나누는 알쏭달쏭한 곳이지요.
그런데 컴퓨터는 왜 엘리스 토끼가 하는 말을 알아듣지 못하는 걸까요?
01장에서는 엘리스 토끼와 컴퓨터가 대화하는 방법을 배웁니다.

이 장의
목표

• 컴퓨터는 어떤 방법으로 생각하는지 설명할 수 있어요.

• 프로그래밍 언어의 역할을 말할 수 있어요.

• 파이썬을 배우면 어떤 점이 좋은지 알 수 있어요.

코딩 단어장 이진법, 코드, 코딩, 프로그램, 프로그래밍, 프로그래머, 주석

01-1

컴퓨터는
0과 1을 좋아해

컴퓨터가 생각하는 방법, 이진법

컴퓨터는 뇌가 없는데 어떻게 생각을 할
까요? 컴퓨터는 기본적으로 0과 1로만
생각을 해요. 예를 들어 불이 꺼진 것은
0, 켜진 것은 1, 거짓은 0, 참은 1, 아니
요(No)는 0, 예(Yes)는 1로요! 컴퓨터에
서는 이렇게 숫자 0과 1만 사용하고 이
방법을 **이진법**이라고 한답니다.

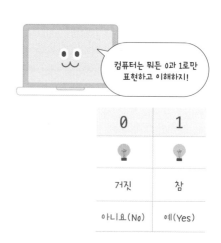

0	1
💡	💡
거짓	참
아니요(No)	예(Yes)

0과 1로만 말하는 컴퓨터

컴퓨터는 0과 1로만 생각할 수 있으니, 0과 1로 이루어진 말만 이해할 수 있어요. 이런 컴퓨터의 언어를 **기계어**라고 합니다.

난 엘리스 토끼야!

ERROR

?

0과 1이 아니면
알아들을 수 없어요

0101011111000011
0101010101010101
0010111110100111
...

1

!

0과 1로 말하면
이해할 수 있어요

아! 그렇다면 엘리스 토끼의 인사법이 잘못되었군요. 컴퓨터는 0과 1로만 생각하고 말할 수 있으니, 엘리스 토끼도 0과 1만 사용해서 자기소개를 해야 해요. 그런데 자기소개를 어떻게 0과 1로만 하죠?

컴퓨터와 사람을 연결해 주는 말

생각하는 방식도, 사용하는 언어도 달라도 너~무 다른 컴퓨터와 사람, 그래서 필요한 게 바로 **프로그래밍 언어**입니다. 프로그래밍 언어는 컴퓨터와 사람이 대화할 수 있도록 연결해 줍니다.

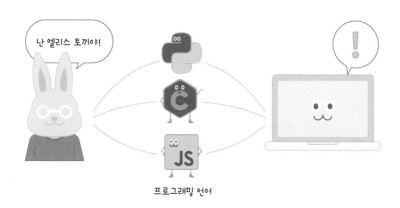

프로그래밍 언어

우리가 프로그래밍 언어로 코드를 작성하면, 특정 프로그램이 이 코드를 다시 기계어로 번역해 컴퓨터에게 전달해 줘요. 우리가 0과 1을 일일이 입력하지 않아도 되니 참 다행이죠?

프로그래밍 언어

print('안녕, 엘리스 토끼!')

기계어

...01000101110110110111...

돌발
퀴즈!

① 컴퓨터가 이해하는 숫자 두 개는 무엇인가요?
② 사람이 컴퓨터에게 말을 걸 때 사용하는 언어는 무엇인가요?

정답 ① 0, 1 ② 프로그래밍 언어

16

01-2

컴퓨터는
다양한 언어를 사용해

프로그래밍 언어는 다양해서 원하는 걸 골라서 쓰면 돼요. 언어별로 특색도
있고 쓰임새도 각각 다르니까요. 프로그래밍 언어의 종류를 알아볼까요?

파이썬	C 언어	자바
웹 개발, 인공 지능, IoT 등 다양한 걸 할 수 있어요.	가장 오랫동안 사용해 온 프로그래밍 언어의 시조새라 할 수 있죠.	나는야 인기 만점 슈퍼스타! 안드로이드 앱을 개발할 수 있어요.
자바스크립트	HTML과 CSS	R
웹 페이지가 살아 움직이도록 숨을 불어넣는 역할을 해요. 둠칫둠칫.	우리는 짝꿍! HTML이 웹 페이지의 기능을 만들면 CSS는 예쁘게 꾸며요.	숫자를 다루는 데 능숙해요. 그래프도 만들고 통계, 데이터 분석도 할 수 있답니다.

쉽고 간단한 파이썬

이 중에서 우리를 코딩별로 초대한 건 **파이썬**python이에요. 파이썬은 엘리스 토끼처럼 코딩 초보자도 쉽게 배울 수 있는 언어랍니다.

다음 두 예시를 비교해 보면서 파이썬이 얼마나 쉬운지 알아봅시다.

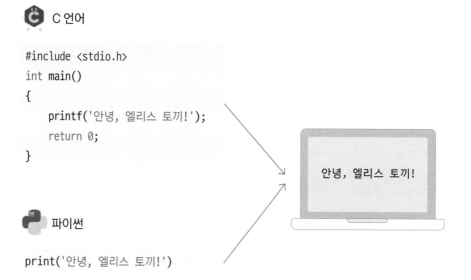

C 언어

```c
#include <stdio.h>
int main()
{
    printf('안녕, 엘리스 토끼!');
    return 0;
}
```

파이썬

```python
print('안녕, 엘리스 토끼!')
```

안녕, 엘리스 토끼!

'**안녕, 엘리스 토끼!**'를 C 언어로 말하려면 코드가 여섯 줄 필요하지만, 파이썬으로는 단 한 줄만으로도 가능하죠! 파이썬은 이렇듯 간단할 뿐만 아니라 영어를 조금만 알면 이해하기 쉽다는 장점도 있답니다. 파이썬을 아직 배우지 않았어도 무슨 뜻인지 짐작할 수 있겠죠?

파이썬

```python
if x in [1, 2, 3, 4]:
```

'만약 x가 [1, 2, 3, 4] 중에 있다면?' 난 아직 파이썬을 잘 모르지만 어쩐지 뜻은 이해돼!

다재다능한 파이썬

파이썬을 배우면 뭘 할 수 있을까요? 파이썬은 이미 많은 사람들이 다양한 곳에서 사용하고 있어요. 간결하면서도 다른 언어와 함께 사용하기도 쉬워 인기가 날로 높아지고 있지요.

구글, 유튜브, 인스타그램 등의 **웹 사이트**를 만드는 것은 물론, 대용량 **데이터를 분석**하고 애플의 시리^{Siri}와 같은 **인공 지능** 제품을 개발할 때에도 파이썬을 사용합니다.

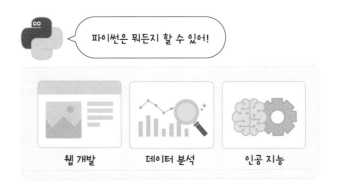

파이썬은 전문가만 사용하는 건 아니에요. 이 책에서 우리는 엑셀로 했던 계산도, 점심 메뉴 추첨기나 당첨자 뽑기 같은 간단한 프로그램도 엘리스 토끼와 함께 파이썬으로 만들어 볼 거예요.

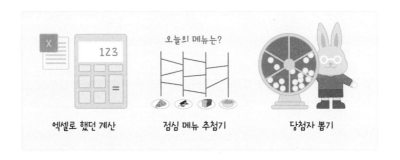

01-3

코딩으로
컴퓨터에게 말 걸기

코드와 코딩

엘리스 토끼가 키보드로 print('안녕, 엘리스 토끼!')라고 입력하고 있네요.

이와 같이 컴퓨터에게 말을 걸려고 쓴 글을 **코드**code라고 합니다. 그리고 코드를 한 줄 한 줄 입력해서 컴퓨터에게 말을 거는 것을 **코딩**coding이라고 해요.

그럼 코딩은 왜 하는 걸까요? 우리가 흔히 사용하는 **프로그램**을 만들기 위해서 예요.

프로그램과 프로그래밍

여러분은 프로그램을 하루에 몇 개 사용하나요? 우리가 평소에 컴퓨터나 스마트폰에서 어떤 프로그램을 사용하는지 한번 알아봅시다.

이런 프로그램들을 앱 또는 어플application이라고도 합니다.

우리는 프로그램을 하루에도 수십 가지 사용합니다. 그리고 프로그램마다 사용하는 목적이 다르지요!

이와 같이 컴퓨터 **프로그램**program은 '컴퓨터에게 어떤 일을 시키려고 만든 코드의 모음'을 의미해요. 그리고 프로그램을 만드는 사람을 **프로그래머**programmer라고 합니다. 프로그래머가 어떤 프로그램을 만들지 고민하는 것부터 시작해서 프로그램을 만드는 모든 과정을 **프로그래밍**programming이라고 해요.

프로그램 제작 과정(프로그래밍)

| 프로그램(program)
특정 목적을 수행하는 코드의 모음! | ➡ 프로그래밍(program + ing)
프로그램을 만드는 모든 과정! |
| 코드(code)
컴퓨터에게 말을 걸기 위해 프로그래밍
언어로 쓴 글! | ➡ 코딩(code + ing)
코드를 입력하는 과정! |

그럼 프로그래머는 구체적으로 어떤 일을 할까요? 프로그래머는 프로그램을 만들뿐 아니라 끊임없이 수정하고 업그레이드하는 일을 합니다. 프로그램은 한번 만들면 끝나는 게 아니라 수정, 업그레이드되면서 계속 변화하기 때문이에요.

프로그래머가 하는 일

 한 걸음 더! 앱과 프로그램, 뭐가 다를까요?

앱이라고 하면 흔히 스마트폰에서 사용하는 모바일 앱이 떠오를 거예요. 하지만 모바일 앱은 앱의 한 종류일 뿐이에요. 앱(app)은 응용 프로그램을 뜻하는 application program의 줄임말이에요. 응용 프로그램은 '특정 목적을 위해 제작한 프로그램'으로 응용 소프트웨어라고도 해요.

필요 없어서 버린 자료를 보관하는 휴지통, 한글과 워드처럼 문서 작업을 하는 워드 프로세서 등이 모두 응용 프로그램이랍니다. 따라서 앱은 곧 프로그램이라고 이해하면 됩니다.

01-4

컴퓨터 빼고 우리끼리 하는 말
— 주석

프로그램을 만들려면 코드가 얼마나 필요할까요? 프로그램이 어떤 기능을 하느냐에 따라 다르겠지만, 우리가 평소에 자주 사용하는 프로그램은 사실 수백, 수천 줄의 코드로 이루어져 있습니다.

프로그래머가 이렇게 많은 코드를 작성하다 보면 "내가 왜 이렇게 코드를 썼지?" 하며 헷갈릴 때도 있어요. 또 여러 명이 함께 작업하다 보면 다른 사람이 작성한 코드가 뭘 뜻하는지 알아보기 어려운 경우도 있습니다.

내가 이 코드를 왜 썼더라?

이럴 때 코드 옆에 설명하는 글을 적을 수 있는데, 이를 **주석**^{comment}이라고
해요.

속닥속닥, 주석은 컴퓨터가 읽지 않아요

주석은 컴퓨터가 아니라 사람에게 하는 말이에요. 한글과 영어 등을 사용해서
사람이 알아들을 수 있는 말로 입력하죠. 그리고 주석을 쓸 때는 코드와 구분
하기 위해 "여기부터는 주석이야!"라는 표시를 해 주어야 한답니다. 파이썬에
서는 주석이 시작되는 맨 앞에 # 기호를 붙입니다. #은 샵이라고 읽어요.

정보를 담은 주석

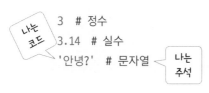

메모로 사용된 주석

 # 기호 뒤에 나오는 내용이 바로 주석입니다. 사람들은 주석
을 보고 코드의 의미를 이해할 수 있죠. "3은 정수이고 3.14
는 실수, '안녕?'은 문자열이구나!" 하고 말이에요.

 그럼 컴퓨터는 왼쪽 코드를 어떻게 읽을까요? 컴퓨터는 3,
3.14, '안녕?'만 읽고, # 기호부터 회색으로 표시한 주석은
전혀 신경 쓰지 않아요.

이렇듯 주석은 컴퓨터가 전혀 인식하지 않으므로 코드를 입력한 사람이 다른
사람에게 하고 싶은 말이나 메모를 남길 때 자유롭게 사용해도 돼요.

한 걸음 더!   여러 가지 주석의 형태

파이썬에서 한 줄 주석은 #과 함께 표시해요. 그래서 주석을 쓰다가 줄바꿈을 하고 싶으면 다시 #을 붙여야 하지요. 그런데 # 기호를 계속 붙이지 않고 줄바꿈을 하면서 긴 메모를 쓸 수 있는 방법이 있습니다. 바로 따옴표 세 개로 주석 내용을 감싸는 거예요. 작은따옴표 나 큰따옴표 세 개로 주석의 시작과 끝을 감싸면 내용이 아무리 많아도 마음대로 줄바꿈을 하면서 메모를 작성할 수 있어요.

기본형   # 한 줄 여기에 메모

예시   age = age + 1   # 나이 한 살 더하기

기본형   '''   """
             여러 줄 여기에 메모   여러 줄 여기에 메모
             '''   """

예시   '''   """
             파이썬을 만든 귀도 반 로섬(Guido   파이썬을 만든 귀도 반 로섬(Guido
             van Rossum)이 말합니다!   van Rossum)이 말합니다!
             코드를 잘 정리된 글로 문서화하   코드를 잘 정리된 글로 문서화하
             는 것도 중요하지요.   는 것도 중요하지요.
             하하하!   하하하!
             '''   """

참고로 다른 프로그래밍 언어에서 사용하는 주석 기호는 다음과 같습니다.

// 한 줄 여기에 메모   # 여기에 메모
/* 여러 줄 여기에 메모 */

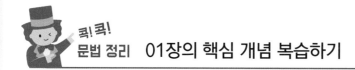
❶ 컴퓨터는 ⬤ 과 ⬤ 만 알아들을 수 있어.

❷ 컴퓨터와 사람의 언어가 달라서 컴퓨터에게 말을 걸려면 이 언어를 사용해야 해.

⬤ ⬤ ⬤ ⬤   언   어   ⬤ ⬤ 어

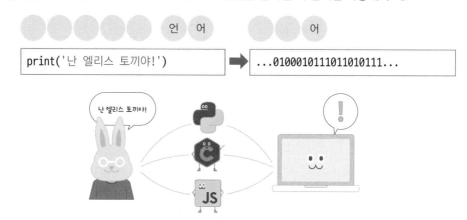

```
print('난 엘리스 토끼야!')
```
➡ ...01000101110110101111...

❸ 엘리스 토끼가 프로그래밍 언어로

코 ⬤ 를 쓰며 코 ⬤ 하고 있어.

```
print('안녕, 엘리스 토끼!')
```

난 지금 코딩 중!

❹ 배우기 쉽고 다양한 분야에서 널리 사용하는 프로그래밍 언어로, 이 책에

서도 배울 언어는 ⬤ ⬤ ⬤ 이야.

❺ 사람이 쉽게 이해할 수 있도록 코드 옆에 쓰는 메모를 ⬤ ⬤ 이라고 해. 파이썬에

서는 ⬤ 기호로 표시하지!

블록 코딩과 텍스트 코딩

알록달록 블록 코딩

엔트리를 들어 봤나요? 스크래치는요? 엔트리와 스크래치는 교육용 코딩 프로그램입니다. 스크래치는 2003년에 미국 매사추세츠 공과 대학MIT에서, 엔트리는 한국의 '엔트리 교육연구소'에서 만들었고 지금은 네이버에서 운영하고 있습니다.

엔트리 화면

스크래치 화면

블록이 보이나요? 엔트리와 스크래치에서는 블록을 조합해서 코딩을 합니다. 그래서

이런 방식의 코딩을 **블록 코딩**이라고 해요. 블록 코딩은 영어 키보드로 코드를 일일이 입력하지 않고도 프로그램을 쉽게 만들 수 있어 편리해요. 그래서 초등학생이 많이 사용한답니다.

틱틱톡톡 텍스트 코딩

이와 달리 파이썬은 문자로 된 코드를 사용합니다. 이렇게 문자로 코딩하는 방법을 **텍스트 코딩**이라고 해요.

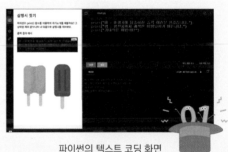

파이썬의 텍스트 코딩 화면

엔트리와 스크래치는 처음부터 교육용으로 개발되었어요. 그래서 엔트리나 스크래치로 만들 수 있는 프로그램의 종류나 기능에 한계가 있습니다. 하지만 파이썬은 간단한 계산기를 비롯해 웹 개발, 데이터 분석, 인공 지능 등에 이르기까지 다양한 분야에서 활용하고 있어요.

한마디로 말해 파이썬은 초등학생부터 전문 프로그래머까지 누구나 배우기 쉽고 사용하기 편리한 언어입니다. 처음에는 어렵더라도 차근차근 함께 끝까지 배운다면, 이 책을 다 읽을 때쯤 텍스트 코딩의 즐거움을 느낄 수 있을 거예요.

구분	블록 코딩	텍스트 코딩
예시	• 엔트리, 스크래치 등 엔트리　　　　스크래치	• 파이썬, C++, 자바스크립트 등 print('안녕!') 파이썬
장점	• 초등 교육용으로 적합함 • 한글을 지원함 • 작동 환경이 단순함	• 사용자가 많음 • 쓰임새가 방대함 • 학습 자료가 많음 • 프로그램을 다양한 기기에서 쓸 수 있음
단점	• 완성된 프로그램을 쓸 수 있는 기기나 환경이 적음 • 만들 수 있는 작업이나 기능이 적음	• 코드와 관련 자료 대부분이 영어로 되어 있음 • 내용이 추상적이어서 이해하기 어려움 • 학습하는 데 시간과 노력이 많이 필요함

파이썬 코딩의 기본 재료

02장에서는 파이썬으로 코딩을 하려면 알아야 할 기본 재료인 자료형을 배웁니다.

코딩 단어장 출력, 숫자형, 문자열, 리스트, 변수, 연산자, 인덱스, 인덱싱, 슬라이싱

02-1

PC, 모바일에서
코딩 준비하기

이 책에서 다룬 문제는 온라인 플랫폼에서 모두 실습할 수 있어요.
코딩을 하려면 먼저 복잡한 과정을 거쳐 편집기 등을 설치해야 하지만, 바로
코딩할 수 있는 방법이 있어요. 코딩 교육 서비스를 제공하는 플랫폼인 엘리
스에 로그인하는 거예요. 엘리스에서는 코드를 자동으로 채점해 주고 입력해
놓은 코드를 되돌려 볼 수도 있어 편리해요!
PC와 모바일에서 코딩을 하려면 어떤 준비를 해야 하는지 알아봅시다.

온라인 코딩 플랫폼 엘리스(https://academy.elice.io)

PC에서 코딩하기

엘리스 회원이 되면 PC에서도 모바일에서도 바로 코딩할 수 있어요. PC와 모바일 중에서 편한 쪽을 선택하면 된답니다. 먼저 PC에서 코딩할 준비를 해 볼까요?

1. 엘리스 아카데미(https://academy.elice.io)에 접속한 후 화면 오른쪽 상단의 〈회원가입〉을 클릭해 회원 가입을 하고 로그인해 주세요.

2. 'Do it! 첫 파이썬'을 검색해 과목을 선택하세요.

3. 화면 왼쪽에 있는 〈수강하기〉를 클릭하세요.

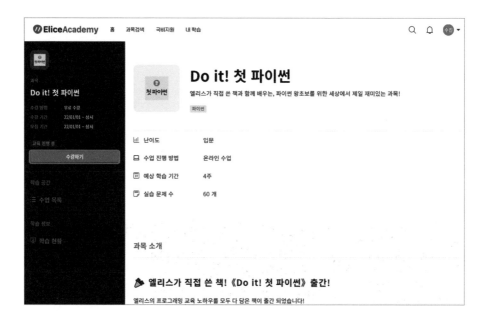

4. 이제 〈내 학습〉을 눌러 이 책에 나온 실습 문제를 골라 직접 풀어 보세요.

모바일 앱에서 코딩하기

모바일 앱을 설치하면 집, 카페, 독서실 어디서나 코딩할 수 있어요. 이동하면서도 코딩하고 싶다면 다음 과정을 따라 해 보세요.

1. 앱 스토어나 플레이 스토어에서 '엘리스'를 검색해서 엘리스 앱을 설치하세요.

모바일 앱을 찾을 수 없다면 PC에서 실습을 진행하세요!

앱 스토어나 플레이 스토어에서
'엘리스' 검색해 앱 설치

2. 엘리스 앱을 실행해 회원 가입을 하고 로그인하세요.

회원 가입 후 로그인

3. [패스/과목 검색]의 [과목]에서 'Do it! 첫 파이썬' 과목을 찾으세요. 과목을 찾았다면 화면 오른쪽 아래에 있는 〈수강하기〉를 클릭하면 수강 신청이 완료됩니다.

수강할 과목 검색   〈수강하기〉 클릭

4. [수업 목록]에서 공부할 내용을 선택해 이 책에 나오는 실습 문제의 제목을 클릭하면 코딩할 수 있어요.

[수업 목록]에서 공부할 내용 선택   실습 문제 선택

5. 가운데 소스 코드 아이콘을 눌러서 코딩한 후 〈실행〉을 클릭하면 코딩한 결과가 뽕! 나타납니다. 〈제출〉을 클릭하면 작성한 코드를 채점해 몇 점인지 알려 줘요.

야호, 100점이다!
여러분도 실습 100점에
도전해 보세요.

〈실행〉, 〈제출〉을 눌러 제출

QR 코드를 스캔해 실습할 수도 있습니다. 41쪽부터 [5분 코딩]에 있는 QR 코드를 스캔하거나 모바일 앱을 실행해 실습해 보세요.

파이썬 이수증을 받아 보세요

이 책을 공부하면서 다음 미션에 도전해 보세요. 두 가지 미션을 모두 달성하면 파이썬 기초 마스터 이수증을 발급해 드려요.

미션 1
PC 또는 모바일 엘리스 앱에서 이 책에 나오는 **실습 문제를 모두 풉니다.** 단, 반드시 100점을 받지 않아도 돼요!

미션 2
02~07장에 나오는 [하트여왕의 미션] 문제에서 **평균 점수 80점 이상**을 받으세요.

02-2

파이썬,
자료를 보여 줘

화면에 자료 나타내기

컴퓨터에 저장된 정보는 프로그래밍 언어를 이용해 모니터에 나타낼 수 있어요. 이것을 **출력**이라고 해요. 한글이나 워드에서 문서 작업을 하고 나서 〈인쇄〉를 클릭하면 원하는 내용이 종이에 프린트되듯, 사용자가 원하는 내용을 모니터에 나타내도록 컴퓨터에게 명령하는 거예요.

출력의 기본, print()

파이썬에서 출력할 때에는 **print()** 함수를 사용해요. 출력을 뜻하는 영어 단어 print에 함수를 나타내는 소괄호()를 붙인 거예요. 소괄호 안에 원하는 내용을 적으면 컴퓨터 화면에 뾰! 나타나요. 그럼 **print()** 함수를 어떻게 사용하는지 알아볼까요?

엘리스 코딩에 접속해 [02장]의 [코딩 연습장]을 선택하세요.

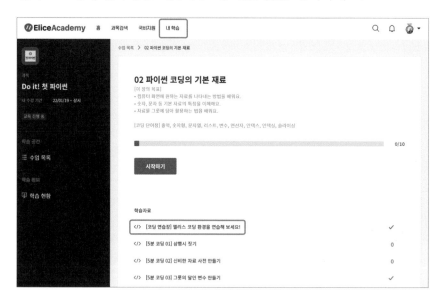

기본형	print('모니터에 출력할 내용')

예시 1	print('나의 꿈은 파이썬 정복!')
실행 결과	나의 꿈은 파이썬 정복!

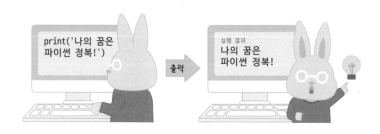

예시 1 코드를 입력하고 〈실행〉을 클릭해 보세요.

만약 자료를 여러 개 동시에 출력하려면 어떻게 해야 할까요? 파이썬에서는
쉼표(,)를 사용해 자료를 나열하면 간단히 해결된답니다.

예시 2

```
print(3, 'Hello!')
```

실행 결과

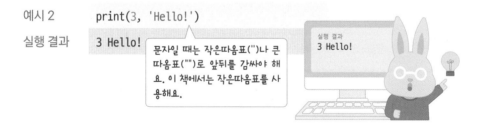

예시 1 코드를 지우고 예시 2 코드를 입력한 후 〈실행〉을 클릭해 보세요.

숫자 3과 문자 'Hello!'가 이어져서 3 Hello!라는 결과가 나왔습니다.

이번에는 print() 함수를 사용해 여러분 스스로 직접 코딩해 볼까요?
화면 아래쪽에서 〈다음〉을 클릭하거나 왼쪽 수업 목록에서 [5분 코딩 01]을
선택하세요.

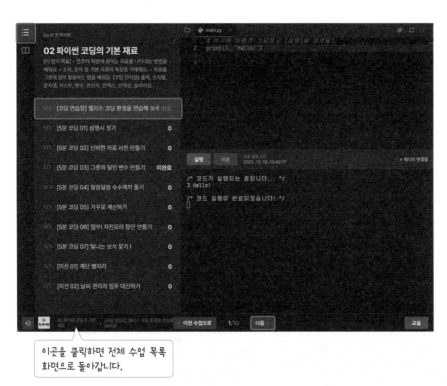

5분 코딩 01

삼행시 짓기

[엘리스 코딩] → [첫 파이썬] → [02장] → [5분 코딩 01]

엘리스 코딩에 접속해서 오른쪽과 같은 실행 결과가 나오도록 '바밤바'로 삼행시를 지어 출력해 보세요.

| 바: 바밤바는 |
| 밤: 밤이 들어간 |
| 바: 바이다 |

실습 | 코딩해 보세요! 　　　　　　　　　　　　　　　　　정답 257쪽

```
01  # 03, 04번 줄에 코드를 입력해 삼행시를 완성해 보세요
02  print('바: 바밤바는')
03
04
```

> 문자열은 작은따옴표로
> 감싼다는 것 잊지 마세요.

코드를 작성한 후 엘리스 실습 화면에서 〈실행〉을 클릭해 보세요. 바밤바 삼행시가 짠! 하고 나타나면 성공한 거예요.

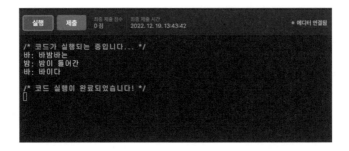

〈제출〉을 클릭하면 내 점수도 알 수 있어요.

이처럼 print() 함수는 알고 싶은 자료나 정보를 화면에 나타낼 때 유용한 출력 방법이에요. 앞으로도 여러 실습을 해 볼 텐데 print() 함수를 자주 사용해 화면에 나타내 볼 거예요!

02-3

파이썬의
기본 자료형

우리는 일상생활에서 다양한 기호를 사용합니다. 사용하는 기호가 다양한 이유는 기호마다 각각 다른 유형의 자료를 표현하기 때문이에요.

일상생활에서 사용하는 다양한 기호

파이썬도 마찬가지예요. 문자와 숫자 등 다양한 자료를 사용합니다. 자료의 종류를 파이썬에서는 **자료형**이라고 해요. 파이썬의 여러 자료형 중에서 가장 기본적인 자료형인 숫자형, 문자열, 리스트를 먼저 알아볼까요?

숫자로 이루어진 숫자형

321 파이썬은 0, 1, 2, 3 등의 숫자를 다룰 수 있어요. 파이썬에서 사용하는 숫자 유형은 **숫자형**이라고 불러요. 0과 수를 셀 때 사용하는 양의 숫자인 자연수, 음의 숫자인 마이너스 숫자, 소수점이 있는 실수 등 모든 숫자를 사용하죠. 게다가 숫자로 덧셈, 뺄셈, 곱셈, 나눗셈 같은 계산도 할 수 있답니다. 참 똑똑하죠?

```
3      # 정수
3.14   # 소수점이 있는 실수
```

[코딩 연습장]에서 숫자를 입력해 보세요. 엘리스 코딩 환경이 숫자형 자료형을 인식해 자동으로 색상을 바꿔 줍니다.

따옴표 속의 문자열

'apple', '딸기'는 하나의 낱말이지만 파이썬은 문자가 줄지어 늘어서 있다고 생각해요. 문자들이 서로 손잡고 있는 것처럼 말이죠. 그래서 문자를 쭉 늘어놓은 형태라는 의미로 **문자열**string이라고 합니다.

문자들이 늘어서 있어서 문자열!

문자가 이어져 있으니 컴퓨터가 어디부터 어디까지 읽어야 하는지 표시해 줘야겠죠? 문자 앞뒤를 큰따옴표(" ")나 작은따옴표(' ')로 감싸 주면 파이썬이 "이 부분은 문자열이구나!"라고 이해한답니다.

```
'Hello!'
'3.14'  # 작은따옴표 OK
"3.14"  # 큰따옴표 OK
```
이 책에서는 작은따옴표만 사용해요.

앗! 그런데 3.14는 숫자, 소수점이 있는 실수 아닌가요?

맞습니다. 여기서 문자열의 큰~ 특징, 바로 따옴표로 앞뒤를 감싸면 뭐든지 문자열이 된다는 것을 기억해야 해요. 컴퓨터는 3.14를 숫자형으로 알아듣지만, 따옴표를 붙인 '3.14' 또는 "3.14"는 문자열로 받아들여요.

 한 걸음 더! 문자열에서 따옴표를 쓰고 싶을 때

출력할 내용 안에 큰따옴표나 작은따옴표를 쓰고 싶다면 어떻게 해야 할까요? 다음과 같이 사용하면 됩니다.

올바른 예시

```
print('토끼가 시계를 보며 "어서 뛰어!"
라고 말했다.')
```

토끼가 시계를 보며 "어서 뛰어!"라고 말했다.

오류가 발생하는 예시

```
print('토끼가 시계를 보며 '어서 뛰어!'
라고 말했다.')
```

오류 발생!

파이썬은 오른쪽 예시를 이해하지 못합니다. '토끼가 시계를 보며 '와 ' 라고 말했다.'는 문자열로 인식하지만, 그 사이에 있는 어서 뛰어!는 따옴표로 감싸지지 않으니 오류가 발생한 것이지요. 따라서 문자열 안에 큰따옴표를 사용하고 싶을 때는 작은따옴표로 전체 문자열을 감싸고, 작은따옴표를 사용하고 싶을 때는 전체 문자열을 큰따옴표로 감싸야 합니다.

작은따옴표나 큰따옴표 세 개로 문자열을 감싸도 됩니다. 그냥 쓰면 주석이 되지만 변수에 저장하거나 출력하면 여러 줄 문자열이 되지요.

작은따옴표 세 개 사용

```
print('''바: 바밤바는
밤: 밤이 들어 있는
바: 바이다.''')
```

큰따옴표 세 개 사용

```
print("""바: 바밤바는
밤: 밤이 들어 있는
바: 바이다.""")
```

순서가 있는 리스트

자료는 여러 개를 함께 보관할 수도 있어요. 그중에 하나가 '자료 목록'을 뜻하는 **리스트**^{list}입니다. 리스트 안에는 숫자형, 문자열 등 여러 자료를 함께 담을 수 있어요. 심지어 리스트 안에 리스트를 담을 수도 있답니다. 리스트는 대괄호 [ ]로 묶어서 표현하고, 리스트 안의 자료가 여러 개이면 쉼표(,)로 구분해요.

```
[]  # 빈 리스트
['a']  # 리스트 안의 문자열
['a', 2, [1, 2]]  # 리스트 안에 리스트도 넣을 수 있어요
```

리스트 안의 자료는 앞에서부터 차례대로 순서가 매겨져서 "몇 번째 자료 나와라!" 하면 그 순서에 해당하는 자료만 찾아볼 수도 있습니다.

이렇게 자료를 부르는 방법은 02-6절에서 배울 거예요.

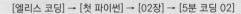

5분 코딩 02 | **신비한 자료 사전 만들기**
[엘리스 코딩] → [첫 파이썬] → [02장] → [5분 코딩 02]

엘리스 코딩에 접속해 숫자형, 문자열, 리스트 자료형을 입력하고 출력해 보세요. 다음 예시와 같이 코딩할 수 있습니다.

예시

```
print(123)  # 숫자형
print('I love Python')  # 문자열
print([1, 2, 3])  # 리스트
```

실습	코딩해 보세요!	정답 257쪽

```
01   # 소괄호 안에 자신의 나이를 숫자형으로 입력해요
02   print()
03
04   # 소괄호 안에 자신의 이름을 문자열로 입력해요
05   print()
06
07   # 소괄호 안에 자신의 나이와 이름이 담긴 리스트를 입력해요
08   print()
```

> 문자열은 작은따옴표로 감싸야 해요.

> 리스트는 대괄호 [ ]로 묶고 자료 사이는 쉼표(,)로 구분해요.

코드의 소괄호 안에 알맞은 값을 입력했나요? 〈실행〉을 클릭하여 출력 결과를 확인한 후 〈제출〉을 클릭하세요. 토끼가 나와서 환호한다면 성공한 것입니다!

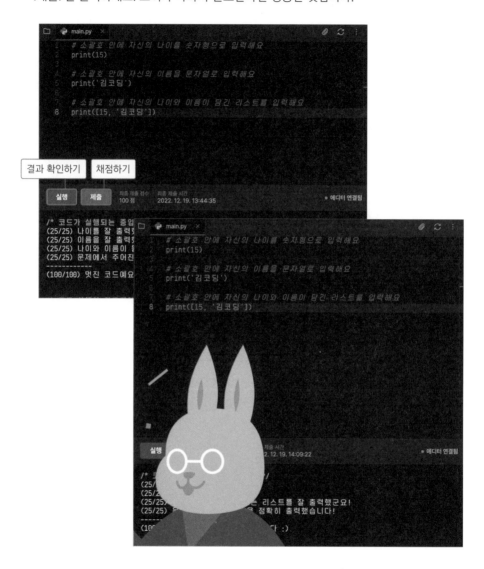

02-4

변덕을 부리는 변수

앞에서 우리는 파이썬의 기본 자료형 세 가지를 배웠습니다. 자료형은 13,
'Elice' 등 값을 직접 입력해서 쓸 수도 있지만, **변수**variable라는 빈 그릇에 담
아 사용할 수도 있어요. age라는 그릇에 숫자형 13을 담고 name이라는 그릇
에 문자열 'Elice'를 담는 식으로요.

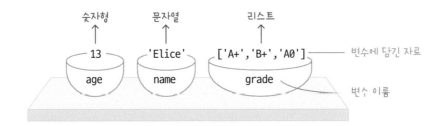

이렇게 숫자형, 문자열, 리스트 등의 자료를 변수에 담아 저장하면 변수 이름만 불러도 그 안의 값을 사용할 수 있습니다. 그럼 13, 'Elice'와 같이 값을 일일이 입력하지 않아도 되어 편하게 코딩할 수 있죠.

변수 사용하기

어떤 값이든 담을 수 있는 변수를 직접 만들어 볼까요? 방법은 간단해요. 변수 이름을 마음대로 지어서 적은 후, 키보드에서 =를 눌러 입력하고 그 옆에 변수에 저장할 자료를 적어 주면 됩니다.

기본형   변수 이름 = 자료

> 수학에서는 같다는 의미로 = 기호를 쓰지만, 코드에서는 오른쪽 자료를 왼쪽에 넣는다는 의미로 사용해요.

예시 1

```
age = 13  # 숫자형
name = 'Elice'  # 문자열
grade = ['A+', 'B+', 'A0']  # 리스트
```

한 가지 더 알아 둘 게 있어요. 변수에 담긴 자료는 변할 수 있다는 것입니다.

예를 들어 자신의 나이를 보관하는 **age**라는 변수가 있다고 해 봅시다. 2022년에는 **age** 안에 담긴 자료의 값이 **13**이었지만, 1년이 지난 2023년에는 **14**로 바꿔 줘야겠죠? 나이는 해마다 바뀌어야 하는데 계속 13세면 안 되니까요. 이럴 때 **13**을 **14**로 수정하거나 덮어쓰면 변수 **age**가 쓰인 코드에 **13** 대신 **14**라는 값이 들어갑니다. 변수에 저장된 자료는 이렇게 자유자재로 바꿀 수 있답니다. 그래서 이름이 **변수**이지요.

 돌발 퀴즈! | 어떤 값이 출력될까요?

```
age = 13
age = 14
print(age)
```

정답 14

변수 이름 짓기

여러분의 이름에는 어떤 의미가 들어 있나요? 이름을 지을 때 의미 있는 글자를 골라서 쓰듯이, 변수 이름도 의미를 담아서 지어야 해요.
또한 사람 이름에 ☆, # 등 특수 기호를 넣을 수 없듯이, 변수 이름을 지을 때도 지켜야 하는 규칙이 있습니다. 이 규칙을 지키지 않으면 파이썬은 "변수가 아니구나!"라고 생각한답니다.

변수 이름 짓는 규칙

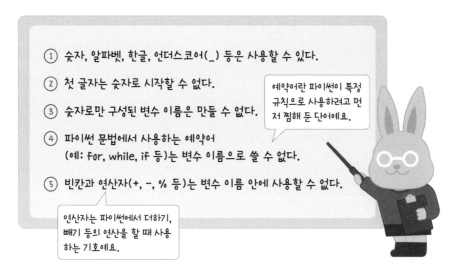

① 숫자, 알파벳, 한글, 언더스코어(_) 등은 사용할 수 있다.

② 첫 글자는 숫자로 시작할 수 없다.

③ 숫자로만 구성된 변수 이름은 만들 수 없다.

④ 파이썬 문법에서 사용하는 예약어
(예: for, while, if 등)는 변수 이름으로 쓸 수 없다.

⑤ 빈칸과 연산자(+, -, % 등)는 변수 이름 안에 사용할 수 없다.

> 예약어란 파이썬이 특정 규칙으로 사용하려고 먼저 찜해 둔 단어예요.

> 연산자는 파이썬에서 더하기, 빼기 등의 연산을 할 때 사용하는 기호예요.

또 한 가지, 변수 이름은 누가 봐도 이해하기 쉽도록 센스 있게 지어 주세요.
만약 어떤 변수 이름을 a라고 정한다면, 그 변수에 어떤 자료가 담겼는지 짐
작하기 어렵겠죠. 그런데 변수 이름을 choco_price라고 짓는다면 초콜릿의
가격을 담는 자료라고 누구나 쉽게 알 수 있을 거예요!

> 이게 무슨 값이지?

```
a = [500, 800, 700, 1200]
# 변수 이름으로 좋지 않은 예
```

> 초콜릿의 가격이구나! 맛있겠다.

```
choco_price = [500, 800, 700, 1200]
# 변수 이름으로 좋은 예
```

변수는 자료를 담는 그릇입니다. 예시를 참고해서 나만의 변수 my_var 안에 자료를 담고 출력해 보세요.

예시

```
my_var = 1 # 숫자 담기
my_var = 'Python' # 문자열 담기
my_var = [1, 'a', 'Python'] # 리스트 담기
```

실습	코딩해 보세요!	정답 257쪽

```
01   # 변수 my_var에 원하는 자료를 넣어 보세요
02   my_var =
03
04   # my_var를 출력해 보세요
05
```

> 출력할 땐 print() 함수를 사용해요.

02-5

자료형
더하고 빼고 곱하고 나누기

수학의 사칙연산을 알고 있죠? 더하기(+), 빼기(-), 곱하기(×), 나누기(÷) 말이에요. 파이썬에서도 사칙연산을 할 수 있습니다. 그런데 파이썬의 기호는 사칙연산과 조금 달라요.

구분		더하기	빼기	곱하기	나누기
	수학	+	-	×	÷
	파이썬	+	-	*	/

파이썬에서 수학의 사칙연산과 같은 기호를 사용하는 더하기(+)와 빼기(-)부터 살펴볼까요?

예시 1

```
print(3 + 5)   # 3 더하기 5의 값 8이 나와요
print(3 - 5)   # 3 빼기 5의 값 -2가 나와요
```

> [코딩 연습장]에서 직접 입력해 보세요.

실행 결과

```
8
-2
```

3과 5 사이에 + 기호를 쓰면 더한 값인 8, – 기호를 쓰면 뺀 값인 –2가 나옵니다. 수학과 똑같죠?

곱하기(*)와 나누기(/) 기호는 사칙연산과 다르게 생겼어요! 키보드의 ⊛과 ⧄를 사용합니다.

예시 2

```
print(3 * 5)   # 3 곱하기 5의 값 15가 나와요
print(3 / 5)   # 3 나누기 5의 값 0.6이 나와요
```

실행 결과

```
15
0.6
```

물론 앞에서 배운 변수를 활용해 연산할 수도 있습니다.

예시 3

```
num = 3
print(num + 5)
```

실행 결과

```
8
```

이와 같이 파이썬에서 연산할 때 사용하는 기호 +, -, *, /를 **연산자**라고 해요.

알쏭달쏭 수수께끼 풀기

[엘리스 코딩] → [첫 파이썬] → [02장] → [5분 코딩 04]

체셔 고양이가 엘리스 토끼에게 알쏭달쏭한 수수께끼를 냈습니다.

"나는 자연수 하나를 생각하고 있어. 그리고 그 수에 2를 곱하고, 10을 뺐어. 그랬더니 12라는 수가 나오더군. 정말 이상한 일이야."

체셔 고양이는 어떤 숫자를 생각했을까요? 변수와 연산자를 사용해 거꾸로 연산해서 알아맞혀 보세요.

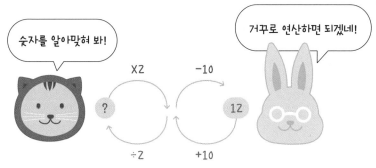

| 실습 | 코딩해 보세요! | 정답 257쪽 |

```
01    # 변수 num1에 숫자 12를 넣으세요
02    num1 =
03
04    # 변수 num2에 num1과 10을 더한 값을 넣으세요
05    num2 =                        더하기 연산자는 +
06
07    # 변수 answer에 num2를 2로 나눈 값을 넣으세요
08    answer =                      나누기 연산자는 /
09
10    # 체셔 고양이에게 외쳐 봐요! 11번 줄은 수정하지 않아도 돼요
11    print('네가 생각한 답은 ', answer, '이야!')
```

숫자형의 몫과 나머지 구하기

나눗셈을 할 때 '13 나누기 5의 몫은 2이고 나머지가 3'이라고 표현하죠. 어떤 수를 어떤 수로 나눈 값의 몫과 나머지를 구할 때 파이썬에서는 어떻게 표현할까요?

몫 연산자와 나머지 연산자를 사용하면 가능해요!

$$5 \overline{)13}$$

몫(//)

10

3 나머지(%)

구분	나누기 연산자	몫 연산자	나머지 연산자
파이썬	/	//	%

예시
```
print(13 / 5)   # 13 나누기 5의 값 2.6이 나와요
print(13 // 5)  # 13 나누기 5의 몫 2가 나와요
print(13 % 5)   # 13 나누기 5의 나머지 3이 나와요
```

직접 코딩해 보세요! 그래야 머릿속에 쏙쏙 들어와요.

실행 결과
```
2.6
2
3
```

13과 5 사이에 연산자 하나만 바꿨을 뿐인데 실행 결과가 다르게 나오는 게 보이나요? //를 사용하면 13을 5로 나누어 몫을 구할 수 있고, %는 나머지를 구할 때 사용합니다. 그래서 //는 몫 연산자, %는 나머지 연산자라고 해요.

숫자형 제곱하기

수학에서 같은 수를 반복해서 여러 번 곱하는 것을 **거듭제곱**이라고 합니다. 2×2×2를 2^3라고 쓰고 2의 3제곱이라고 읽어요. 만약에 2를 열 번 곱해야 한다면 수학에서는 2^{10}이라고 간단하게 쓰는데, 파이썬에서는 어떻게 할까요? 2*2*2*2*2*2*2*… 이건 너무 길군요!

다행히도 **제곱 연산자**를 이용하면 쉽게 코딩할 수 있답니다.

예시	`print(2 ** 10)  # 2의 10제곱 값 1024가 나와요`
실행 결과	`1024`

곱하기 연산자인 *를 두 번 쓴 **가 제곱 연산자입니다. 따라서 2의 10제곱은 2를 열 번 곱한 값을 의미하니 그 결과로 1024가 나옵니다.

 5분 코딩 05 **거꾸로 계산하기**
[엘리스 코딩] → [첫 파이썬] → [02장] → [5분 코딩 05]

몫 연산자(//), 나머지 연산자(%), 제곱 연산자(**)를 이용해 정해진 값이 나오도록 수식을 만들어 봅시다. 여러분이 좋아하는 숫자를 골라 수식을 완성해 보세요.

```
01    # ans1이 1이 돼야 해요. % 좌우에 숫자를 넣으세요
02    ans1 =
03
04    # ans2가 16이 돼야 해요. ** 좌우에 숫자를 넣으세요
05    ans2 =
06
07    # 출력해서 확인해 볼까요? 08번 줄은 수정하지 않아도 돼요
08    print(ans1, ans2)
```

> 무엇과 무엇을 나눴을 때
> 나머지가 1이 될까요?

문자열 더하고 곱하기

문자열도 연산을 할 수 있습니다. 숫자도 아닌데 문자로 어떻게 연산을 하냐
고요? 파이썬에서는 문자열을 이어 붙이고(더하기), 반복(곱하기)할 수 있습니
다. 다음 예시로 살펴볼까요?

구분	문자열 더하기	문자열 곱하기
파이썬	+	*

예시	`print('안녕' + '하세요')  # 문자열 더하기` `print('안녕' * 3)  # 문자열 곱하기`
실행 결과	안녕하세요 안녕안녕안녕

문자열 '**안녕**'과 '**하세요**'를 더하기(+) 연산하면 '**안녕하세요**'가 출력됩니
다. 문자열 '**안녕**'에 3을 곱하기(*) 연산하면 '**안녕**'을 세 번 반복합니다.

문자열 연산으로 기본 장단인 '덩덕쿵덕', '쿵덕쿵덕'을 만들고 나서 자진모리 장단을 완성해 출력해 보세요. 얼쑤!

| 실습 | 코딩해 보세요! | 정답 257쪽 |

```
01  # 더하기 연산자(+)로 '덩덕'과 '쿵덕'을 연결해 넣으세요
02  str1 =
03
04  # 곱하기 연산자(*)로 '쿵덕'을 두 번 반복해 넣으세요
05  str2 =
06
07  # 변수 str1과 str2로 '덩덕쿵덕쿵덕쿵덕덩덕쿵덕쿵덕쿵덕'을 만들어 변수
    jajinmori에 넣어 주세요
08  jajinmori =
09
10  # 변수 jajinmori를 출력해서 확인해 볼까요? 11번 줄은 수정하지 않아도 돼요
11  print(jajinmori)
```

> 문자열은 꼭 작은따옴표로 감싸야 해요.

> '덩덕쿵덕쿵덕쿵덕'을 두 번 반복해요.

02-6

문자열·리스트 원소
— 인덱스, 인덱싱, 슬라이싱

문자열과 리스트는 여러 개의 원소로 이루어져요. 문자열 'abc'는 원소 'a', 'b', 'c'로, 리스트 [1, 2, 3]은 원소 1, 2, 3으로 구성됩니다. 그리고 원소 사이에는 정해진 순서가 있답니다.

'a'부터 시작해 'b'가 나오고 마지막으로 'c'가 이어져 'abc'라는 문자열이 만들어졌지요. 그런데 만약 'c'가 먼저 나왔다면 어떻게 될까요? 'cab'라는 다른 문자열이 되어 버려요.

마찬가지로 [1, 2, 3]과 [3, 2, 1]도 다르겠죠? 이처럼 같은 원소를 조합하더라도 순서가 다르면 다른 문자열, 다른 리스트가 됩니다.

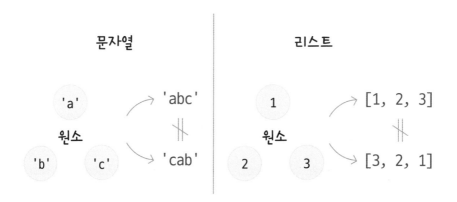

원소의 순서, 인덱스

우리는 숫자를 셀 때 1부터 시작합니다. 하지만 문자열과 리스트에서 원소의 순서는 0부터 시작해요! 이 원소의 순서를 **인덱스**index라고 합니다.

예를 들어 문자열 'Ready'가 있을 때 'R'은 0, 'e'는 1, 'a'는 2… 이런 식으로 인덱스를 매길 수 있습니다. 리스트도 마찬가지고요.

 | 리스트 [1, 2, 3]에서 인덱스 0의 원소는 뭘까요?

Ⅰ 月&

세 번째 원소가 궁금해! 인덱싱

문자열 'Ready'의 세 번째 원소는 뭘까요? 이 정도는 눈으로 보이니까 쉽게 알 수 있지만, 만약 학생 2000명의 이름이 저장된 리스트에서 백 번째 학생의 이름을 알고 싶다면요? 생각만 해도 골치가 아프군요! 하지만 문제없어요. 인덱스를 활용하면 손쉽게 알 수 있으니까요.

기본형   문자열[인덱스]
             리스트[인덱스]

방법은 간단해요. 문자열 또는 리스트 자료를 적고 뒤에 대괄호 [ ]를 쓴 후 그 안에 구하고 싶은 원소의 인덱스를 적으면 됩니다. 이렇게 인덱스를 이용하여 특정 위치의 원소를 불러오는 것을 **인덱싱**indexing이라고 합니다.

예시 1   'Ready'[1] # 문자열 인덱싱
             [1, 2, 3][2] # 리스트 인덱싱

예시 1처럼 문자열이나 리스트 자료를 직접 입력할 수도 있지만, 예시 2처럼 변수 word에 담아서 사용할 수도 있습니다.

예시 2	word = 'Ready' # 변수 word에 문자열 담기
	print(word[1])
실행 결과	e

인덱스 1의 원소를 찾으라는 뜻!

예시 2와 같이 코딩하면 문자열 'Ready'에서 인덱스 1의 원소를 구할 수 있어요.

그럼 세 번째 원소는 어떻게 구할까요? 'Ready'[2]라고 적으면 되겠죠. 세 번째 원소인데 [3]이 아니라 [2]를 적은 이유는 앞에서 배웠듯이 인덱스는 0부터 시작하기 때문이에요. 0부터 시작해 1, 2 하면서 세어 보면 'Ready'[2]가 'a'라는 걸 알 수 있습니다.

리스트의 원소 바꿔치기

한 걸음 더 나아가 인덱싱을 사용하면 리스트의 원소도 바꿀 수 있어요. 단, 이 방법은 문자열에서는 통하지 않는답니다!

기본형	리스트[인덱스] = 바꿔 넣을 자료

인덱싱 코드 animal[1] 다음에 =을 입력하고 바꿔치기해 넣을 자료를 입력하면 됩니다.

```
animal = ['토끼', '멜론', '홍학']
print(animal)
```

```
['토끼', '멜론', '홍학']
```

⬇

```
animal = ['토끼', '멜론', '홍학']
animal[1] = '도마뱀'    인덱스 1을 '도마뱀'으로 바꾸기
print(animal)
```

실행 결과
```
['토끼', '도마뱀', '홍학']
```

예시에서는 animal 리스트의 원소 **'멜론'**을 인덱싱해서 **'도마뱀'**으로 바꿔 주었네요!

가위로 싹둑! 슬라이싱

특정 위치의 원소 한 개만 가져오는 게 아니라, 일정 범위에 해당하는 원소를 모두 다 가져오는 방법도 있습니다. 문자열이나 리스트의 일부분을 싹둑! 잘라서 가져오는 것이지요. 이런 방법을 **슬라이싱**slicing이라고 해요.

기본형
```
문자열[a:b]
리스트[a:b]
# a는 시작 인덱스, b는 종료 인덱스
```

슬라이싱은 인덱싱과 형태가 비슷한데, 대괄호 안에 가져올 원소의 **시작 인덱스:종료 인덱스** 형태로 적으면 됩니다.

다음 예시는 리스트 beta의 세 번째 원소부터 다섯 번째 원소까지 가져와 출력하는 코드입니다. 인덱스는 0부터 매겨지므로 인덱스 2부터 4까지 가져오면 된다고 생각할 거예요. 하지만 코드를 보면 인덱스 4까지가 아닌 5까지로 입력했습니다.

예시
```
beta = [2, 4, 6, 8, 10, 12, 14]
print(beta[2:5])
```
실행 결과
```
[6, 8, 10]
```

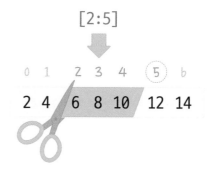

왜 종료 인덱스가 4가 아니라 5지?

그렇다면 슬라이싱 범위를 왜 [2:4]가 아닌 [2:5]로 지정했을까요? 그 이유는 슬라이싱에서 종료 인덱스는 '미만'으로 읽어 가져오지 않기 때문입니다. 그래서 **종료 인덱스는 항상 가져올 인덱스보다 1 큰 값으로 적어야 합니다.**

[2:5]

0 1 2 3 4 ⑤ 6

2 4 6 8 10 12 14

돌발 퀴즈! | 'Ready'[0:1]은 인덱스 0 이상, 인덱스 1 미만인 원소를 가져옵니다. 출력하면 어떤 값이 나올까요?

정답 : 'R'

66

5분 코딩 07 | **빛나는 보석 찾기 I**

[엘리스 코딩] → [첫 파이썬] → [02장] → [5분 코딩 07]

반짝이는 것을 좋아하는 두더지의 가방에 보석이 잔뜩 들어 있습니다. 인덱싱과 슬라이싱을 이용해서 '다이아몬드' 1개와 '금' 3개를 찾아보세요.

실습	코딩해 보세요!	정답 257쪽

```
01    # jewel1에 '다이아몬드' 하나를 넣으세요
02    bag1 = ['은', '은', '다이아몬드', '은', '은', '은', '은']
03    jewel1 = bag1[]      인덱스는 0부터 시작해요.
04
05    # jewel2에 '금' 3개를 넣으세요
06    bag2 = ['은', '은', '금', '금', '금', '은', '은', '은']
07    jewel2 = bag2[  :  ]      종료 인덱스는 가져올 값보다 1 크게!
08
09    # 보석을 잘 골라냈는지 확인해 볼까요?
10    print('두더지 가방 안의 가장 비싼 보석', jewel1)
11    print('두더지 가방 안의 금빛 보석들', jewel2)
```

67

❶ 파이썬에서 원하는 자료를 컴퓨터 화면에 나타낼 땐 ◯◯◯◯ t () 함수를 사용해.

❷ 파이썬의 자료형 중 문자로 이루어진 것은 문◯◯ 이라고 해. 큰 ◯◯ ◯ 또는 작은 ◯◯◯ 로 문자 앞뒤를 감싸서 표시하지.

❸ 여러 개의 원소로 이루어지며 원소마다 순서가 있는 자료형으로 ◯◯◯ 과 ◯◯◯ 가 있어.

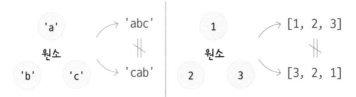

68

❹ 자료를 저장하는 그릇을 변◯◯라고 해.

❺ 파이썬의 몫 연산자는 기호 ◯◯를 사용하고 나머지 연산자는 ◯를 사용해.

❻ 문자열과 리스트 자료에서 원소의 순서를 인◯◯라고 해. 순서를 셀 때는 반드시 ◯부터 시작해야 해.

❼ 문자열과 리스트 자료에서 원소를 여러 개 가져오는 방법은 슬◯◯◯이라고 해.

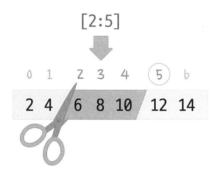

정답 ❶ print() ❷ 곱셈값, 덧셈값 ❸ 큰따옴표, 작은따옴표 ❹ 변수 ❺ 리스트, 인덱스 ❻ %, // ❼ 슬라이싱

하트여왕의 미션 — 첫 번째 관문

"이 문은 뭐지? 집으로 가는 문인가?"

엘리스 토끼가 문을 열려고 하자 갑자기 어디선가 낯선 목소리가 들려왔다.

"이 문을 열려면 미션 두 개를 통과해야 해.
그렇지 않으면 아무도 여기에서 나갈 수 없어."
"누가 미션을 내린 거니? 넌 누구야?"
"코딩별에서는 모두가 문제를 낸단다. 그럼 행운을 빌어."

미션 01 계단 별자리 만들기 Ⅰ

[엘리스 코딩] → [첫 파이썬] → [02장] → [미션 01]

어두운 밤하늘에 수많은 별이 반짝입니다.
그런데 와우! 저기 처음 보는 계단 모양의 별자리가 있네요.

코딩별에 이 별자리를 소개해 볼까요?
앞에서 배운 파이썬의 자료형과 연산을 이용하여 계단 모양의 별자리를 출력해 보여 줍시다.

```
01    # 5층 계단 모양의 별자리를 만들어 보세요
02
03
04
05
06
```

> 출력 함수인 print()를
> 5번 사용해요!

코딩별의 날씨 관리자 화씨가 여행을 갔습니다. 화씨의 빈자리를 대신하기 위해 오늘 기온을 섭씨온도(°C)에서 화씨온도(°F)로 바꾸어 코딩별 기상청에 알려 줍시다.

　°F = °C * (9/5) + 32　# °C는 섭씨, °F는 화씨를 나타내는 기호

(참고로 우리나라에서는 섭씨온도를 사용하지만 미국에서는 화씨온도를 사용해요. 물이 어는 0°C는 화씨온도로 32°F입니다.)

```
01    # 변수 c에 섭씨온도 18을 담으세요
02    c =
03
04    # 변수 c를 화씨온도로 바꾼 값을 변수 f에 담으세요
05    f =
06
07    # 맞게 바뀌었는지 변수 f를 출력해 봐요
08
```

> 섭씨-화씨 변환식을
> 그대로 써 봐요.

> 출력할 땐 print() 함수를
> 사용해요.

문제를 모두 풀었다면 〈실행〉을 클릭해 보세요. 〈제출〉도 클릭해야 나중에 이수증을 받을 수 있어요.

71

코딩별★ 간식 02 코딩에도 스타일이 있다

여러분은 어떤 패션 스타일을 좋아하나요? 캐주얼 아니면 단정한 정장 스타일? 아니면 개성을 쉽게 살릴 수 있는 믹스 앤 매치? 우리는 평소 취향에 따라 옷차림을 선택하지요. 코딩할 때에도 마찬가지예요! 같은 코드라 해도 여러 방법으로 쓸 수 있어요. 어떻게 쓸지는 여러분 마음입니다.

문자열을 감싸는 방법

토끼와 거북이가 코딩을 하고 있어요. 그런데 코드를 보니 내용은 같지만 모습은 조금 다르네요.

```
print('안녕')
```

작은따옴표를 쓴 토끼

```
print("안녕")
```

큰따옴표를 쓴 거북이

여러 사람이 함께 프로그래밍을 할 때, 코드를 서로 다른 스타일로 작성한다면 어떤 일이 일어날까요? 수십, 수백 줄이나 되는 코드를 다 읽고 나서 하나의 스타일로 고치려면 시간과 노력이 엄청 필요합니다. 이런 일이 벌어지지 않도록 사람들은 몇 가지 코딩 스타일을 규칙으로 정했습니다.

[참고] 파이썬의 창시자 귀도 반 로섬Guido van Rossum은 파이썬으로 코딩하는 사람들을 위해 PEPPython Enhancement Proposals라는 안내서를 공개했습니다. 그중에서도 PEP 8에는 들여쓰기, 함수 이름 등 파이썬으로 코딩할 때 지키면 좋을 스타일 가이드를 소개하고 있어요. 이 가이드를 따르면 코드도 간결해지고 누구나 알아볼 수 있어서 좋아요.

파이썬 공식 홈페이지의 PEP 8 가이드
(https://www.python.org/dev/peps/pep-0008/)

다양한 변수·함수 이름 표기법

02-4절에서 변수 이름 짓는 규칙을 배웠지
요? 변수 이름과 함수 이름은 세 가지 방법
으로 표기할 수 있어요. 프로그래밍 언어에
따라 표기법도 정해져 있답니다. 한번 알아
볼까요?

① 카멜 표기법camel case

낙타 등과 같이 울룩불룩하게 생겼다고 하
여 이름 붙은 표기법이에요. 처음 나오는
단어는 영어 소문자로, 그다음 새로운 단어
를 붙일 때 첫 글자를 대문자로 씁니다. 자
바 언어에서 많이 사용합니다.

③ 파스칼 표기법pascal case

카멜 표기법과 비슷한데 첫 글자를 무조건
영어 대문자로 쓴다는 것이 다르지요. 큰
혹이 두 개 있는 낙타의 등과 비슷해서 쌍
봉낙타 표기법이라고도 합니다.

어떤 스타일이 더 좋거나 나쁜 기준은 없어
요. 그러나 누가 봐도 코드를 쉽게 이해할
수 있어야 작업을 효율적으로 할 수 있겠
죠? 여러분에게 잘 맞는 코딩 스타일은 어
떤 것인지 한번 생각해 봐요.

② 스네이크 표기법snake case

뱀이 바닥을 기어가는 모습 같다고 하여 이
름 붙은 표기법이에요. 영어 단어 사이에
언더스코어(_)를 넣고 소문자만 사용해요.
파이썬에서는 주로 이 표기법을 따릅니다.

진실 또는 거짓 — 조건문

02장을 무사히 통과한 엘리스 토끼가 체셔 고양이에게 길을 묻고 있네요.
엘리스 토끼가 버섯 숲을 무사히 빠져나갈 수 있도록
파이썬의 조건문인 if 문을 배워 봅시다.
그런데 어라, 체셔 고양이가 하는 말 속에 if 문의 힌트가 들어 있군요.

이 장의
목표

- 컴퓨터에게 자료를 어떻게 전달하는지 알 수 있어요.
- 논리 자료형의 활용 방법을 설명할 수 있어요.
- 조건문 코드를 입력해 문제를 해결할 수 있어요.

코딩 단어장 입력, 형 변환, 비교 연산, 논리 연산, 조건문

03-1

컴퓨터에게 자료
직접 전달하기

앞에서 우리는 print() 함수를 사용하면 출력할 수 있다고 배웠어요. 이번에는 반대로 사람이 컴퓨터에게 정보를 전달하는 **입력**을 배워 보겠습니다.

입력의 기본, input()

파이썬 언어로 컴퓨터에 뭔가 입력하고 싶을 때는 먼저 input() 함수를 실행해야 합니다. 그런 다음 사용자가 키보드로 자료를 입력하면 컴퓨터에게 전달되지요. 컴퓨터는 사용자가 입력한 값을 어딘가에 저장해야 하는데 이때 변수를 사용합니다.

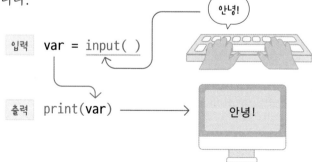

기본형	변수 이름 = input()

예시	var = input() # 입력한 자료를 변수 var에 저장

사용자가 자료를 입력하면 컴퓨터가 변수 var에 저장하는 코드입니다. 이렇게
자료를 입력하면 컴퓨터가 어떻게 작동하는지 따라쟁이 앵무새를 만들면서 알
아봐요.

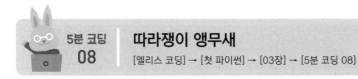

5분 코딩 08 | 따라쟁이 앵무새
[엘리스 코딩] → [첫 파이썬] → [03장] → [5분 코딩 08]

input()으로 정보를 입력하면 print()로 출력할 수 있어요. 키보드로 입력한 값을 그대로
출력하는 앵무새를 만들어 보세요.

실습	코딩해 보세요!	정답 258쪽

```
01  # input()으로 입력값을 받아 변수 var에 넣어요
02  var =            기본형을 그대로
                     입력하면 돼요.
03
04  # 변수 var를 출력해 볼까요? 05번 줄은 수정하지 않아도 돼요
05  print('앵무새:', var)
```

02번 줄에 코드를 입력했다면 〈실행〉을 클릭해 보세요. 실행 결과 창의 왼쪽 하단에 '〉 터
미널 입력값을 넣어주세요.'라는 메시지가 나타나는 게 보이나요? 이 부분에 하고 싶은 말
을 자유롭게 입력한 후 [Enter]를 눌러 보세요.

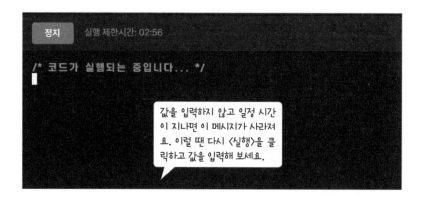

만약 '안녕!'이라고 입력하면 다음과 같은 화면이 나타납니다.

여기서 잠깐! input() 함수의 중요한 특징 하나를 더 기억해야 해요. 컴퓨터는 input() 함수로 입력받은 값을 모두 **문자열**로 받아들입니다. 그게 무슨 말이냐고요? input()으로 숫자 12를 입력해도 컴퓨터는 이를 문자열 '12'로 받아들인다는 뜻이에요.

type() 함수를 이용하면 소괄호 안의 자료가 어떤 자료형인지 알 수 있어요! 작은따옴표로 감싼 숫자 '3.14'가 숫자형인지 문자열인지 헷갈린다면 type()과 print()로 확인해 보세요.

예시   print(type('3.14'))

실행 결과   <class 'str'>

<class 'str'>은 자료형이 str이라는 말입니다. str은 문자열 string의 줄임말이에요. 즉, 작은따옴표로 묶은 '3.14'는 문자열이라는 뜻이지요.

03-2

자료형을 다른 자료형으로
─ 형 변환

만약 input() 함수로 입력받은 문자열을 숫자형으로 바꾸고 싶으면 어떻게
해야 할까요? 어떤 자료형을 다른 자료형으로 바꾸는 **형 변환**을 하면 됩니다.

기본형   형 변환 함수(자료)

예시 1   int('123') # 문자열 '123'을 정수로 형 변환
           str(123) # 숫자형 123을 문자열로 형 변환

예시 1에서 사용한 int()와 str()이 바로 **형 변환 함수**입니다. 자료형 이름의
앞 글자를 딴 형 변환 함수를 적은 후 소괄호 안에 변환할 자료를 넣으면 됩
니다.

구분	이름	형 변환 함수
정수	integer	int()
실수	float	float()
문자열	string	str()
리스트	list	list()

예시 2에서 변수 a에는 문자열 '345'를, 변수 b에는 숫자형으로 변환한 값을 저장했습니다. 정말 형 변환이 되었는지 type() 함수로 확인해 볼까요?

예시 2

```
a = '345'                              b = int('345')
print(type(a))                         print(type(b))
```

실행 결과

```
<class 'str'>  # 문자열이라는 뜻      <class 'int'>  # 숫자형 중 정수
                                                      라는 뜻
```

type() 함수로 확인해 보면 변수 a는 똑같이 문자열인 반면, 변수 b는 숫자형으로 바뀐 것을 알 수 있어요.

 5분 코딩 09 | **두 배로 불려 주는 홍학**
[엘리스 코딩] → [첫 파이썬] → [03장] → [5분 코딩 09]

코딩별의 은행원 홍학은 남보다 두 배로 열심히 일합니다. 홍학에게 돈을 맡기면 일 년 후에 정확히 두 배로 불려 준다고 합니다. 와우!
홍학에게 맡길 금액을 입력하면 일 년 후 두 배로 돌려받을 수 있도록 출력해 주는 코드를 작성해 보세요.

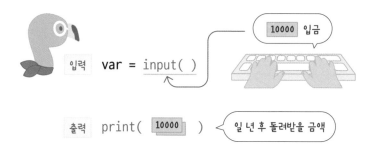

입력 `var = input( )` — 10000 입금

출력 `print( 10000 )` — 일 년 후 돌려받을 금액

실습	코딩해 보세요!	정답 258쪽

```
01  # 홍학에게 맡길 금액을 변수 money에 입력받으세요
02  money =                    ← 입력은 input()
03
04  # money를 int형으로 변환해서 다시 money에 넣어요
05  money =                    ← int() 소괄호 안에 변수
06                               money를 넣어요!
07  # 일 년이 지났어요. money를 두 배 불려서 출력해 봐요
08  print( * )
```

코드를 모두 작성했다면 〈실행〉을 클릭하고 '> 터미널 입력값을 넣어주세요.' 부분에 금액을 입력한 후 Enter 를 눌러 보세요. 홍학이 금액을 두 배로 불려 주었다면 성공!

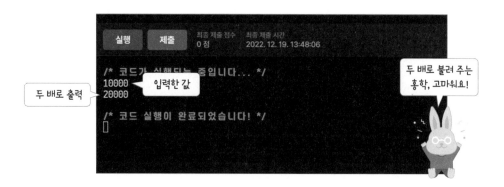

두 배로 출력 → 20000

입력한 값 → 10000

두 배로 불려 주는 홍학, 고마워요!

03-3

진실 또는 거짓
— 비교 연산과 논리 연산

파이썬에는 숫자형, 문자열, 리스트 외에 **논리형**boolean이라는 자료형도 있습니다. 논리형은 딱 두 가지 값만 있어요. 바로 참True과 거짓False이에요. 우리가 아는 영어 단어랑 똑같지요? 논리형은 **비교 연산**이나 **논리 연산**의 결과로 사용됩니다.

비교 연산	논리 연산
# 두 자료를 비교할 때	# 두 논리를 연결할 때
1보다 2가 크다 # 참	1은 양수이고 2는 양수이다 # 참
2보다 3이 작다 # 거짓	1은 양수이고 2는 음수이다 # 거짓

프로그래밍에서는 참과 거짓에 따라 프로그램의 실행 명령이 달라집니다. 예를 들어 어떤 웹 사이트에서 로그인하거나 회원 가입할 때도 다음과 같이 **비교 연산**과 **논리 연산**을 사용할 수 있어요.

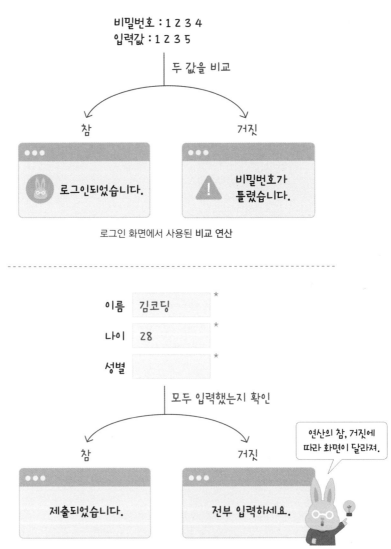

로그인 화면에서 사용된 비교 연산

회원가입 화면에서 사용된 논리 연산

프로그래밍에서는 이렇게 논리를 구분하고 연산하는 과정이 아주 중요해요. 연산 결과에 따라 프로그램의 동작이 달라지기 때문이에요. 그럼 비교 연산과 논리 연산을 어떻게 사용하는지 하나하나 자세히 알아볼까요?

1. 비교의 참·거짓을 판단해 ― 비교 연산

수학에서 사용하는 부등식을 알고 있나요? 3 < 5, 7 > 2와 같이 두 숫자 또는 두 식의 크기를 비교하는 수식을 **부등식**이라고 해요. 그리고 부등식에서 사용하는 >, <, ≥, ≤ 등의 기호를 **부등호**라고 하죠.

파이썬에서도 두 숫자나 두 식의 크기를 비교하는데 이 과정을 **비교 연산**이라 하고, 이때 사용하는 연산자를 **비교 연산자**라고 합니다. 비교 연산자는 수학의 부등호와 같은 것도 있지만 다른 것도 있으니 잘 알아 두세요.

구분	같다	같지 않다	왼쪽이 더 크다	오른쪽이 더 크다	같거나 왼쪽이 크다	같거나 오른쪽이 크다
수학	=	≠	>	<	≥	≤
파이썬	==	!=	>	<	>=	<=

💡 한 걸음 더! 파이썬에서 =와 ==는 달라요

파이썬에서 등호 한 개(=)는 대입하라는 뜻, 등호 두 개(==)는 양쪽이 같다는 뜻입니다.

```
a = 4      # 변수 a에 4를 대입(저장)합니다
2 == 4     # 2와 4가 같습니다(False)
```

비교 연산의 결과는 항상 True 또는 False로 나타납니다. 맞거나 틀리거나 둘 중 하나이기 때문이에요.

```
print(3 < 5)   # 3이 5보다 작으므로 True
print(3 >= 5)  # 3이 5보다 크거나 같지 않으므로 False

print('a' == 'b')  # 'a'와 'b'는 같지 않으므로 False
print('a' != 'b')  # 'a'와 'b'는 같지 않으므로 True
```

5분 코딩 10

명제 만들기
[엘리스 코딩] → [첫 파이썬] → [03장] → [5분 코딩 10]

비교 연산자를 사용해 주어진 조건을 만족하는 명제를 만들어서 변수 ans1, ans2에 넣어 보세요. 명제란 '이건 참이야!' 또는 '이건 거짓이야!'라고 구분할 수 있는 문장이나 식을 말합니다. 3 < 5처럼요.

실습	코딩해 보세요!	정답 258쪽

```
01  # > 연산자를 이용해 True인 명제를 만들어 넣으세요
02  ans1 = >          ← 5 > 2처럼 적어요.
03
04  # != 연산자를 이용해 False인 명제를 만들어 넣으세요
05  ans2 = !=
06
07  # 참, 거짓을 확인해 볼까요? 08번 줄은 수정하지 않아도 돼요
08  print(ans1, ans2)
```

2. 논리의 참·거짓을 판단해 — 논리 연산

참·거짓을 사용하는 두 번째 경우로 논리 연산을 살펴보겠습니다. 논리 연산은 명제가 여러 개 연결되어 있을 때 참·거짓을 판별하거나 명제의 참·거짓을 뒤집는 연산을 말해요. 그리고 이때 사용하는 연산자를 **논리 연산자**라고 합니다. and, or, not 연산자가 있어요.

단어가 조금 어려워도 걱정하지 마세요. 다음 설명을 보면 이미 아는 이야기일 거예요.

and 연산자

모든 논리가 참이어야만 True인 깐깐한 연산자예요. 영어 and의 뜻이 '그리고'이니까, 'a 그리고 b 그리고 c가 모두 참이어야만 참이다!'라고 외우면 쉽겠죠?

예시 1
```
print(3 == 3 and 4 <= 5 and 6 > 2)
# 수식 세 개가 모두 True이므로, True
```

어허! 참이려면 거짓이 하나라도 있어서는 안 돼!

실행 결과
```
True
```

예시 1을 보면 세 가지 논리가 모두 참이므로 True가 출력됩니다. 만약 이 중에 하나라도 거짓이 있다면 False라는 사실 잊지 마세요.

or 연산자

여러 논리 중 하나만 참이어도 True가 출력되는 너그러운 연산자예요. or의 뜻은 '또는'이니까, 'a 또는 b 또는 c 중 하나라도 참이면 참이다!'라고 외우면 쉽겠죠?

예시 2

```
print(3 == 4 or 4 <= 5 or 6 < 2)
# 4 <= 5가 True
# True가 하나라도 있으므로, True
```

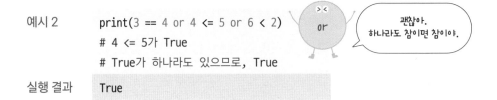

괜찮아.
하나라도 참이면 참이야.

실행 결과   True

예시 2를 보면 두 가지 논리는 거짓이지만 4 <= 5가 참이므로 True입니다. 만약 모든 값이 거짓이었다면 당연히 False가 나오겠죠? or 연산은 참이 최소한 하나는 있어야 True가 되니까요.

not 연산자

논리의 값을 뒤집는 독특한 연산자예요. 그게 무슨 뜻이냐고요? 영어로 not a 라고 하면 'a가 아니다'라는 뜻이죠? 이와 마찬가지로 not True라고 하면 '참이 아니다'라는 뜻이 되어 '거짓'이 됩니다. 논리를 뒤집는 거예요. 그렇다면 not False는 무엇일까요? 정답! True입니다.

예시 3

```
print(not 3 == 4)
# False에 not을 붙였으므로, True
```

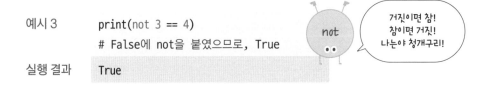

거짓이면 참!
참이면 거짓!
나는야 청개구리!

실행 결과   True

예시 3을 보면 3 == 4는 거짓입니다. 그런데 앞에 not이 붙었군요? 이는 '거짓이 아니다'라는 뜻이므로 거꾸로 True가 됩니다.

논리 연산자의 오른쪽 끝에 명제가 하나씩 빠져 있습니다. 참(True)과 거짓(False) 중에 원하는 논리가 나오도록 소괄호() 안을 명제로 채워 주세요. 이때 소괄호 안에 입력해도 되고 소괄호를 지우고 입력해도 됩니다.

실습	코딩해 보세요!	정답 258쪽

```
01    # stat1이 True가 되도록 소괄호 대신에 명제를 입력해요
02    stat1 = 2 < 4 and ()
03
04    # stat2가 False가 되도록 소괄호 대신에 명제를 입력해요
05    stat2 = 4 >= 6 or ()
06
07    # 두 변수를 출력해서 True, False를 확인해 봐요
08    print(stat1, stat2)
```

03-4

만약에 비가 온다면
— 조건문

학교에 가야 하는데 비가 내리면 어떻게 하나요? 우리는 크고 작은 선택을 할 때 조건에 따라 어떻게 행동할지 결정합니다.

코딩할 때에도 조건에 따라 다른 동작을 실행하도록 코드를 만들 수 있습니다. 이런 코드를 **조건문**이라고 해요.

조건문의 기본, if 문

조건문은 '만약 ~라면'을 뜻하는 영어 단어 if를 사용해서 만듭니다. 그래서 이런 코드를 if 문이라고 해요. if 문은 if와 조건, 명령을 조합해 만듭니다.

만약 i==1이면, i를 출력하라!

if   조건   명령

이 문장은 i가 1이라는 조건을 만족할 때 i를 출력하라는 내용입니다. 이와 같이 if 문은 조건이 참이면 명령을 따르고, 거짓이면 따르지 않습니다.

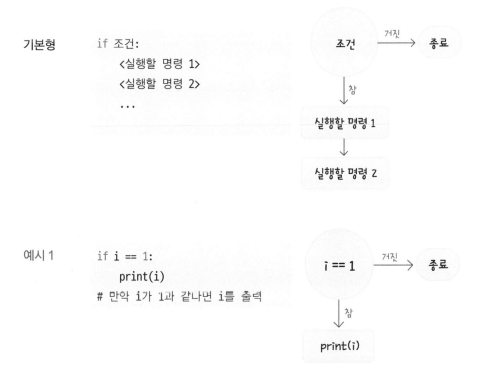

기본형
```
if 조건:
    <실행할 명령 1>
    <실행할 명령 2>
    ...
```

예시 1
```
if i == 1:
    print(i)
# 만약 i가 1과 같나면 i를 출력
```

91

예시 2

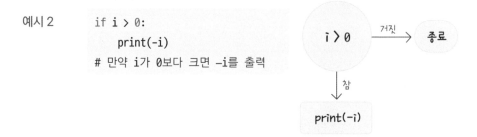

```
if i > 0:
    print(-i)
# 만약 i가 0보다 크면 -i를 출력
```

만약에 예시 2에서 i의 값이 -3이라면 어떻게 될까요?

이럴 경우 'i가 0보다 크다'라는 조건이 거짓이 됩니다. if 문의 명령은 조건이 참일 때만 실행되므로 이 경우 명령을 실행하지 않고 if 문을 빠져나갑니다. 따라서 i = -3이라면 아무 값도 출력되지 않겠지요.

 한 걸음 더! if 문 입력할 때 주의할 점

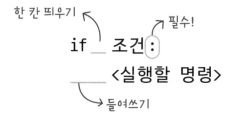

❶ 조건 뒤에 **콜론(:)**을 꼭 붙여야 합니다.

❷ 명령을 쓸 때는 Spacebar를 네 번 누르거나 Tab을 한 번 눌러 **들여쓰기**를 하세요. 그렇지 않으면 파이썬이 if 문의 명령이라고 인식하지 않습니다.

❸ if 문을 모두 입력한 후 다른 코드를 입력할 때는 들여쓰기를 하지 않습니다.

 **5분 코딩 12** | **줄지 않는 쿠키 상자**
[엘리스 코딩] → [첫 파이썬] → [03장] → [5분 코딩 12]

엘리스 토끼가 쿠키 상자를 발견했어요. 쿠키를 다섯 개 집어 먹었는데, 이게 웬일일까요?
쿠키 다섯 개가 그대로 있군요. 다음과 같이 `if` 문을 작성해서 먹은 쿠키의 개수만큼 다시
생겨나는 상자를 만들어 봐요.

실습	코딩해 보세요!	정답 258쪽

```
01   # 변수 cookie에 먹은 쿠키의 개수를 입력받아요
02   cookie = int(input())          input()으로 입력받아
03                                  정수로 형 변환해요.
04   # cookie가 음수이면 -1을 곱해 다시 cookie에 저장해요
05   if
06       cookie =                   조건 뒤엔 반드시 콜론(:)을
07                                  사용, 명령을 쓸 땐 들여쓰기!
08   # cookie의 개수가 몇 개인지 출력해 보세요
09   print(cookie)
```

코드를 모두 작성했다면 〈실행〉을 클릭한 뒤 음수를 입력하고 Enter 를 눌러 보세요. –5를
입력했을 때 5가 나오면 성공!

조건이 거짓일 때, if~else 문

잠깐만요! 그런데 if 문의 조건이 거짓인 경우에 다른 명령을 실행시키려면 어떻게 해야 할까요? 이럴 때 필요한 게 바로 if~else 문이에요. 조건이 참일 때는 명령 1을 실행하고, 거짓일 때는 또 다른 명령 2를 실행하도록 만들수 있어요.

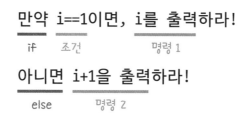

만약 i==1이면, i를 출력하라!
if   조건   명령 1

아니면 i+1을 출력하라!
else   명령 2

기본형

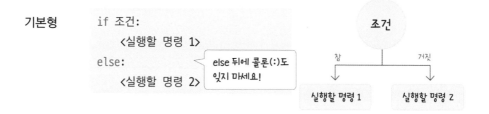

```
if 조건:
    <실행할 명령 1>
else:
    <실행할 명령 2>
```

else 뒤에 콜론(:)도 잊지 마세요!

if~else 문에서는 조건이 참이면 if 문을, 거짓이면 else 문을 실행합니다.

예시

```
if i == 1:
    print(i)
else:
    print(i + 1)
```

예시를 보면 'i가 1과 같다'는 조건이 참이면 if 문인 print(i)를, 거짓이면 else 문인 print(i + 1)을 실행합니다. if~else 문을 직접 코딩해 볼까요?

홀짝 판별기

[엘리스 코딩] → [첫 파이썬] → [03장] → [5분 코딩 13]

어떤 수를 입력했을 때 홀수인지 짝수인지 구분하는 프로그램을 만들어 보세요. 다음과 같이 if~else 문을 작성하면 됩니다.

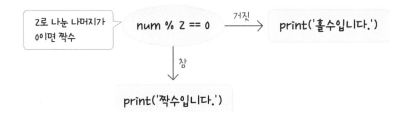

실습	코딩해 보세요!	정답 258쪽

```
01  # 변수 num에 판별할 숫자를 입력받아요
02  num = int(input())        input()으로 입력받아 정수로 형 변환해요.
03
04  # num이 짝수이면 '(숫자) 짝수입니다.', 홀수이면 '(숫자) 홀수입니다.'
    를 출력하세요
05  if                        조건 뒤엔 반드시 콜론(:)을
06                            사용, 명령을 쓸 땐 들여쓰기!
07  else:
08
```

코드를 모두 작성했다면 〈실행〉을 클릭한 뒤 숫자를 입력하고 Enter를 눌러 보세요. 홀수와 짝수를 입력했을 때 각각 '홀수입니다.'와 '짝수입니다.'가 나오면 성공!

95

03-5

여러 조건에 따라
동작하기

조건이 여러 개일 때, if~elif 문

이번에는 조건이 여러 개이고, 이에 따라 명령을 다르게 실행하는 구문을 배워 봅시다.

만약 i>=90이면, A를 출력하라!
<u>if</u> <u>조건 1</u> <u>명령 1</u>

아닌 경우 만약 i>=75이면, B를 출력하라!
<u>elif</u> <u>조건 2</u> <u>명령 2</u>

여러 조건에 따라 명령을 다르게 실행하려면 'if 문의 조건 1이 거짓일 때' + '만약 조건 2라면~'의 형태가 되어야겠죠? 다른 조건을 다시 걸어야 하니까

요. 여기에서 '만약 조건 2라면~' 부분을 영어로 표현하면 else if입니다. 파이썬에서는 이를 줄여서 elif라고 써요.

기본형	

`if 조건 1:`
`    <실행할 명령 1>`
`elif 조건 2:`
`    <실행할 명령 2>`	

if~elif 문은 간단히 만들 수 있어요. if 문을 적고 그 아래에 나란히 elif 문을 적으면 됩니다. if 문을 만들 때와 마찬가지로 elif 문에도 조건과 실행할 명령을 적어 줍니다. elif 문은 if 문의 조건이 거짓일 때 작동해요.

예시 1

```
if i >= 90:
    print('A')
elif i >= 75:
    print('B')
```

if 문의 조건은 i >= 90이고, elif 문의 조건은 i >= 75입니다. 코드의 구조가 눈에 들어오나요?
만약 i가 80이라면 어떤 결과가 나올까요? if 문의 조건을 만족하지 않아 elif 문으로 넘어가겠죠? elif 문의 조건은 만족하므로 elif 문의 명령인 print('B')가 실행됩니다.

예시 2

```
x = int(input())
if x % 2 == 0:
    print('2의 배수입니다.')
elif x % 3 == 0:
    print('3의 배수입니다.')
```

x % 2 == 0 $\xrightarrow{\text{참}}$ print('2의 배수입니다.')

↓ 거짓

x % 3 == 0 $\xrightarrow{\text{참}}$ print('3의 배수입니다.')

예시 2도 함께 읽어 볼까요?

❶ 입력받은 값을 숫자형으로 바꾸어 변수 x에 저장합니다.
❷ 만약 입력받은 x를 2로 나누었을 때 나머지가 0이면
❸ '2의 배수입니다.'를 출력합니다.
❹ 아닌 경우, 만약 입력받은 x를 3으로 나누었을 때 나머지가 0이면
❺ '3의 배수입니다.'를 출력합니다.

이와 같은 방식으로 elif 문을 여러 줄 적을 수도 있습니다. 조건을 계속해서 달아 주면 되니까요.

 한 걸음 더! else 문과 elif 문은 if 문 없이 쓸 수 없어요!

elif 문은 if 문의 조건이 거짓일 경우에 다음 조건을 걸기 위한 구문이므로 if 문 없이 혼자 쓸 수 없습니다. else 문도 마찬가지예요. 항상 if~else 문, if~elif 문, 이어서 배울 if~elif~else 문으로 사용해야 해요.

조건이 모두 거짓일 때, if~elif~else 문

지금까지 배운 if, elif, else를 합쳐서 if~elif~else 문으로 사용할 수도 있어요. if 문이 참이면 if 문을, if 문이 거짓이면 elif 문을, elif 문까지 모두 다 거짓이면 마지막으로 else 문을 실행하는 것이죠.

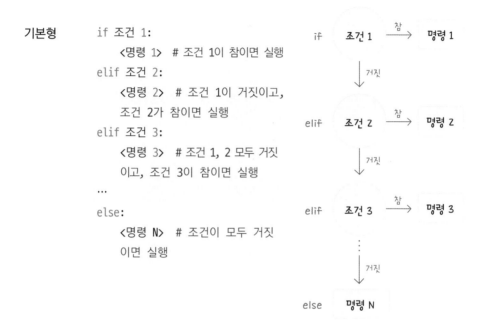

기본형

```
if 조건 1:
    <명령 1>   # 조건 1이 참이면 실행
elif 조건 2:
    <명령 2>   # 조건 1이 거짓이고,
    조건 2가 참이면 실행
elif 조건 3:
    <명령 3>   # 조건 1, 2 모두 거짓
    이고, 조건 3이 참이면 실행
...
else:
    <명령 N>   # 조건이 모두 거짓
    이면 실행
```

가끔 짜장면은 먹기 싫지만 짬뽕은 먹고 싶을 때가 있지요. 이럴 때는 어떤 조건문을 만들 수 있을까요? A는 아니지만 B라면? 조건이 여러 개이니 elif 문을 사용하면 되겠지요.

```
if 짜장면을 먹고 싶다:
    짜장면을 먹는다
elif 짬뽕을 먹고 싶다:
    짬뽕을 먹는다
else:
    군만두를 먹는다
```

토끼와 거북이가 업다운 게임을 하고 있어요. 술래가 어떤 수를 생각하면 다른 사람이 그

수를 알아맞히는 게임이에요. 상대방(거북이)이 어떤 수를 말하면 술래(토끼)는 자기가 생각한 수보다 큰지 작은지 말해야 해요.

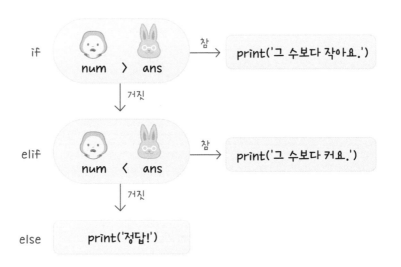

if~elif~else 문을 이용해서 업다운 게임을 만들어 보세요.

```
01    # 변수 ans에 숫자 1~50 중 이 게임의 정답 숫자 하나를 골라 넣어 보세요
02    ans =
03
04    # 변수 num에 숫자를 입력받으세요
05    num = int(input())
06
07    # num이 ans보다 크면 '그 수보다 작아요.', 작으면 '그 수보다 커요.',
      같으면 '정답!'을 출력하세요
08    if
09
10    elif
11
12    else:
13
```

> 이 숫자가 정답이 될 거예요.

> 100쪽 그림을 참고해서 if ~ elif ~ else 문을 써 보세요.

코드를 모두 작성했다면 〈실행〉을 클릭하고 직접 업다운 게임을 해 보세요. 숫자를 알아맞히는 거북이처럼 여러 숫자를 입력해 보면서 결과가 어떻게 달라지는지 살펴보세요.

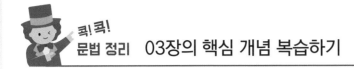

쿡!쿡! 문법 정리   03장의 핵심 개념 복습하기

① 파이썬에서는 컴퓨터에게 자료를 전해 줄 때 이 함수를 사용하지.

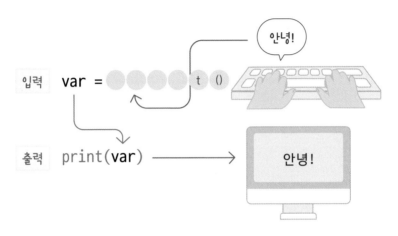

컴퓨터는 이 함수로 입력받은 자료가 무엇이든 ⬤⬤⬤ 자료형으로 받아들여.

② 논리형은 ⬤ 과 ⬤⬤ 두 가지 값만 있는 자료형이야.

③ 파이썬에서 두 값이 같은지, 다른지 비교하는 연산자를 이렇게 써.

구분		같다	같지 않다	왼쪽이 더 크다	오른쪽이 더 크다	같거나 왼쪽이 크다	같거나 오른쪽이 크다
	파이썬	⬤⬤	⬤⬤	>	<	>=	<=

❹ 논리 연산자의 이름은 이렇게 써.

괜찮아.
하나라도 참이면 참이야.

거짓이면 참!
참이면 거짓!
나는야 청개구리!

❺ 조건의 참, 거짓에 따라서 실행되는 명령이 달라지는 조건문의 키워드는 ⬤⬤ 야.
명령을 적을 때는 반드시 ⬤⬤⬤⬤ 를 해야 해. 그래야만 컴퓨터가 그 명령
이 조건문에 해당하는 명령이라는 것을 알 수 있어.

한 칸 띄우기

필수!

if _ 조건 :

<실행할 명령>

들여쓰기

미션 01	자릿수 판별기
	[엘리스 코딩] → [첫 파이썬] → [03장] → [미션 01]

1~999까지의 숫자 중 하나가 입력될 때 몇 자리 숫자인지 판별하는 프로그램을 만들어 보세요.

> 1자리(1~9)이면 '한 자리 숫자입니다.' 출력
> 2자리(10~99)이면 '두 자리 숫자입니다.' 출력
> 3자리(100~999)이면 '세 자리 숫자입니다.' 출력

실습	코딩해 보세요!	정답 258쪽

```
01  # 변수 num에 숫자형으로 값을 입력받아요
02  num =                     input()으로 입력받고
03                            int()로 한번 더 묶어 줘요.
04  # 자릿수 판별기를 만들어 보세요
05  if                    조건 1: num이 1~9일 때
06
07  elif                  조건 2: num이 10~99일 때
08
09  else:                 모두 아닐 때
10
```

〈실행〉을 클릭하고 1~999 사이의 숫자를 입력해 보세요.

미션 02 선생님의 마음으로

[엘리스 코딩] → [첫 파이썬] → [03장] → [미션 02]

코딩별 학교 애벌레 선생님은 성적을 잘 주시는 것으로 유명합니다.

시험 점수가 88점 이상인 학생에게는 A+를, 77점 이상인 학생에게는 A0를 줍니다. 단, 시험 점수가 0점인 학생에게는 가차 없이 F를 줍니다. 이 모든 경우에 해당하지 않는 학생에게는 전부 B+를 주고요.

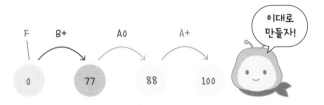

어떤 학생의 시험 점수가 입력되면 성적을 출력하는 프로그램을 만들어 보세요.

실습	코딩해 보세요!	정답 259쪽

```
01  # 변수 score에 학생의 점수를 입력받으세요
02  score =                      형 변환을 잊지 마세요.
03
04  # 점수에 따라 성적을 출력하는 프로그램을 만들어 보세요
05  if
06                              성적이 F인 경우를 맨 처음에
07  elif                        작성해 보세요.
08
09  elif
10
11  else:
12
```

〈실행〉을 누르고 시험 점수를 입력해 보세요. 애벌레 선생님의 원칙대로 성적이 출력되어 나오면 성공!

105

코딩별★ 간식 03   전쟁통에 태어난 세계 최초의 컴퓨터

세계 최초의 컴퓨터는 제2차 세계 대전 중인 1943년 영국에서 만들어졌습니다. 당시 영국군은 독일군의 복잡한 통신 암호를 해독해야 했어요. 이 암호를 알아내려면 매우 복잡한 논리 연산을 반복해야 했습니다. 사람이 해독하기엔 정말 힘든 작업이었죠. 그래서 영국군은 암호 해독을 하려면 기계가 필요하다는 결론을 내렸습니다.

우체국에서 엔지니어로 일하던 토미 플라워스Tomy Flowers가 이 기계를 만들 설계자로 추천되었어요. 오늘날 '컴퓨터의 아버지'로 불리는 수학자 앨런 튜링Alan Turing도 힘을 합쳤죠.

앨런 튜링의 암호 해독기를 다룬 영화 '이미테이션 게임' 포스터 (출처: https://ko.wikipedia.org/ wiki/이미테이션_게임)

토미 플라워스 (출처: https://en.wikipedia.org/ wiki/Tommy_Flowers)

두 사람은 암호 해독 장치인 **콜로서스** colossus, 거인라는 **세계 최초의 컴퓨터**를 발명했어요. 콜로서스 덕분에 영국군은 독일군의 암호를 금방 해독하여 독일군의 작전을 알아차릴 수 있었습니다. 세계 최초의 컴퓨터 콜로서스가 제2차 세계 대전에서 연합군이 이기는 데에 크게 기여한 것이지요.

하지만 콜로서스를 설계한 토미 플라워스의 이름은 연합군의 승리로 전쟁이 끝난 후에도 알려지지 않았습니다. 전쟁과 관련된 일은 모두 비밀로 감춰졌기 때문이에요. 그가 노인이 된 1980년대에 들어서면서 조금씩 알려졌고 세계 최초의 컴퓨터를 설계한 인물로 인정받기 시작했습니다.

여러분은 파이썬으로 어떤 코드를 작성하고 있나요? 컴퓨터가 발명된 이후에도 많은 개발자들이 매일매일 최초의 발명을 하고 있습니다. 짧은 코드 한 줄이라도 세계에서 최초로 쓴 독창적인 프로그램이기 때문이에요.

콜로서스 모델인 마크 2를 동작시키는 모습
(출처: https://ko.wikipedia.org/wiki/콜로서스_(컴퓨터))

무엇이든 담아요 — 리스트

엘리스 토끼가 코딩별에 들어온 것을 하트여왕에게 들키게 생겼어요!
과연 엘리스 토끼는 카드 리스트 속으로 잘 숨을 수 있을까요?
04장에서는 리스트의 다양한 활용법을 사용하여
토생(?) 최대의 위기에서 벗어나 봅시다.

- 리스트에서 원소를 추가, 삭제, 정렬할 수 있어요.
- 순서가 있는 자료형의 다섯 가지 특징을 말할 수 있어요.

이 장의
목표

코딩 단어장 리스트 원소 추가, 리스트 원소 삭제, 리스트 정렬,
시퀀스 자료형

04-1

리스트 원소 줄 세우는
4가지 방법

여러분, 02-6절에서 배운 리스트 자료형 기억하나요? 한 번 정리해 볼게요.

리스트 자료형의 특징

- 대괄호 [ ] 안에 문자열, 숫자형, 리스트를 원소로 넣을 수 있어요.
  예시 [1, 'a', [1, 2, 3]]
- 원소의 위치를 인덱스라고 불러요. 0부터 시작하죠.
- 원소에 접근하는 방법으로 인덱싱과 슬라이싱이 있어요.

이번에는 리스트에 원소를 추가하고 삭제하고 재정렬하며 자유자재로 다루는 방법을 배워 보겠습니다.

원소 추가하기, append()

리스트에 새로운 원소를 추가할 순 없을까요? 그럴 리가요! 그렇담 엘리스 토끼가 카드 리스트로 들어갈 수 없겠죠. append() 함수를 사용하면 리스트의 가장 마지막에 원소를 추가할 수 있어요. 여기서 영어 append는 '덧붙이다'라는 뜻이에요.

기본형　　리스트.append(d) # d는 추가할 원소

리스트 이름 뒤에 .append(추가할 원소)를 적어 주면 됩니다. 이렇게 점(.)을 찍고 특정 함수를 사용하는 방법을 **점 표기법**이라고 해요.

예시 1
```
a = []
a.append(10)
```
> 점(.)을 찍고 append 쓰고 소괄호 안에 추가할 원소를 적어요.

```
print(a)
```
실행 결과　　[10]

예시 1에서 빈 리스트 a에 어떤 원소가 추가되었나요? 네, 맞아요! 숫자 10이 원소로 추가되었어요.

예시 2
```
b = ['a', 'b', 'c']
b.append('d')

print(b)
```
실행 결과　　['a', 'b', 'c', 'd']
> 리스트 맨 끝에 'd'가 추가됐어요.

예시 2의 리스트 b에는 b.append('d')로 문자열 'd'를 추가해 줬네요. 이때 실행 결과를 주목해 보세요. 'd'가 리스트 가장 마지막 원소로 추가된 것이 보이나요? 이렇게 append()로 추가한 원소는 리스트 원소 맨 뒤에 놓인답니다. 선착순으로 줄을 서는 것과 비슷하죠.

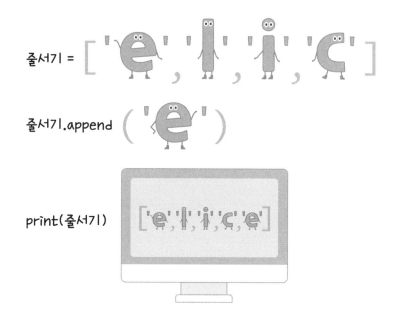

5분 코딩 15

선착순! 줄을~ 서시오
[엘리스 코딩] → [첫 파이썬] → [04장] → [5분 코딩 15]

하트여왕의 경기에 참여하기 위해 동물 친구들이 하나둘 모여듭니다. 동물들이 도착한 순서대로 줄을 세워 볼까요?

append()를 사용하여 빈 리스트 line_up에 동물을 추가해 주세요.

.append

실습 | 코딩해 보세요! 정답 259쪽

```
01  # 빈 리스트 line_up이 있어요
02  line_up = []          이 리스트에 줄을 세울 거예요.
03
04  # 거북이, 홍학, 토끼 순으로 도착했어요. 차례로 추가해 보세요
05  line_up.append('거북이')
06                         .append()를 두 번
07                         더 쓰면 되겠죠!
08
09  # 줄을 잘 세웠는지 line_up을 출력해 확인해요
10  print(line_up)
```

특정 위치에 원소 추가하기, insert()

리스트의 맨 마지막 말고, 자신이 원하는 위치에 원소를 추가할 순 없을까요?
물론 가능합니다. 영어 단어 insert는 '삽입하다'라는 뜻이죠? insert()를 사
용하면 원하는 위치에 원소 한 개를 추가할 수 있어요.

기본형   리스트.insert(i, d)   # i는 추가할 원소의 위치, d는 추가할 원소

리스트 뒤에 .insert()를 적고 소괄호 안에 추가하고 싶은 원소의 위치인 인
덱스와 원소를 쉼표(,)와 함께 써넣으면 됩니다.

예시	
	c = [1, 2, 4, 5] c.insert(2, 3) ← 추가할 원소 print(c) ← 추가할 원소의 위치인 인덱스
실행 결과	[1, 2, 3, 4, 5]

실행 결과를 보세요! 인덱스 2의 위치에 있던 4를 뒤로 밀어내고 그 자리에 3
이 추가되었지요? 마치 3이 새치기하는 것 같네요!

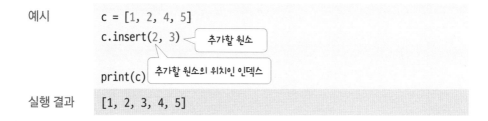

경기장에 가장 늦게 도착한 도도새가 슬쩍 새치기하려고 하네요. 홍학이 고개를 잠깐 돌린
사이에 어떻게 끼어 들어갔는지 알아볼까요?

insert()를 사용해서 홍학 앞에 도도새를 추가해 보세요.

```
01   # 리스트 line_up에 거북이, 홍학, 토끼 순으로 줄을 서 있어요
02   line_up = ['거북이', '홍학', '토끼']
03
04   # 거북이와 홍학 사이에 도도새를 넣어 봐요
05
06
07   # line_up을 출력해 도도새의 위치를 확인해 봐요
08   print(line_up)
```

insert() 소괄호 안에 인덱스와 자료를 넣어요.

특정 원소 삭제하기, remove()

앗, 리스트에 필요 없는 원소가 포함되어 있네요. 이 원소를 없애고 싶으면 어떻게 하지요? 리스트에서 특정 원소를 삭제하는 **remove()** 함수를 사용하면 됩니다.

기본형   리스트.remove(d) # d는 삭제할 자료

리스트.remove(d)라고 하면 리스트에 있는 자료 중 d가 삭제돼요. 그런데 d가 여러 개 있으면 어떻게 될까요? remove() 함수는 맨 처음 나오는 d 한 개만 삭제합니다.

리스트 d에는 3이라는 원소가 두 번 나옵니다. d.remove(3)로 삭제하면 어떻게 될까요?

예시
```
d = [3, 1, 2, 3]
d.remove(3)

print(d)
```
실행 결과
```
[1, 2, 3]
```
처음 나온 3만 삭제되었어요.

실행 결과를 보면 맨 앞의 3이 삭제되고 뒤에 나오는 3은 그대로 남아 있는 것을 확인할 수 있지요.

5분 코딩
17

도도새 쫓아내기

[엘리스 코딩] → [첫 파이썬] → [04장] → [5분 코딩 17]

도도새가 새치기하자 화가 잔뜩 난 홍학의 얼굴이 새빨개졌습니다. 하트 여왕이 심판을 내리는군요. "반칙 금지! 도도새는 퇴장하라!"
하트 여왕의 명령에 따라 remove()를 이용하여 도도새를 쫓아내 볼까요?

| 실습 | 코딩해 보세요! | 정답 260쪽 |

```
01   # 리스트 line_up에 거북이, 도도새, 홍학, 토끼 순으로 줄을 서 있어요
02   line_up = ['거북이', '도도새', '홍학', '토끼']
03
04   # 새치기한 도도새를 line_up에서 쫓아내 봐요
05
06
07   # line_up을 출력해 도도새를 잘 쫓아냈는지 확인해 봐요
08   print(line_up)
```

> remove() 소괄호 안에 인덱스가 아닌 자료 '도도새'를 적어요.

리스트 원소 정렬하기, sort()

리스트의 자료를 순서대로 정리해야 할 때도 있습니다. 리스트 안에 있는 숫자 중 가장 큰 수를 알고 싶을 때처럼 말이에요. sort() 함수를 사용하면 리스트의 자료가 정렬됩니다. 숫자형은 오름차순(123), 문자열은 사전순(가나다, ABC)으로요. 영어 sort는 '분류하다'라는 뜻이에요.

기본형   리스트.sort()   # 소괄호 안에는 아무것도 적지 않아요

예시 1
```
a = [6, 2, 4, 1]
a.sort()

print(a)
```
실행 결과   `[1, 2, 4, 6]` ← 123순으로 정렬

숫자형 자료가 마구잡이로 섞인 리스트 a를 sort() 함수로 정렬하니 오름차순으로 정리되었어요.

예시 2　　　b = ['carrot', 'apple', 'banana']
　　　　　　b.sort()

　　　　　　print(b)
실행 결과　　['apple', 'banana', 'carrot'] ── ABC순으로 정렬

문자열 자료가 저장된 리스트 b를 정렬하면 사전순으로 정리됩니다. 한글은
가나다순, 알파벳은 ABC순으로 말이에요.

 한 걸음 더! 같은 유형의 자료만 있어야 정렬할 수 있어요

sort()의 중요한 특징 하나! 리스트에 같은 유형의 자료만 들어 있어야 정렬할 수 있습니
다. 자료를 비교할 수 있어야 정렬할 수 있으니까요. 따라서 문자열과 숫자형이 섞여 있는
리스트는 sort()로 정렬할 수가 없겠지요.

사전순으로 줄서기

[엘리스 코딩] → [첫 파이썬] → [04장] → [5분 코딩 18]

경기가 시작되기를 기다리고 있는데 변덕이 심한 하트여왕이 말합니다. "사전순으로 줄을 서시오."

sort()를 이용하여 동물 친구들을 다시 정렬해 볼까요?

.sort

실습	코딩해 보세요!	정답 260쪽

```
01  # 리스트 line_up에 거북이, 홍학, 토끼 순으로 줄을 서 있어요
02  line_up = ['거북이', '홍학', '토끼']
03
04  # line_up을 사전순으로 정렬해 봐요
05
06
07  # 잘 정렬되었는지 출력해 보세요
08  print(line_up)
```

04-2

순서가 있는 원소들의 모임
— 시퀀스

문자열과 리스트에는 중요한 공통점이 있어요. 기억하나요? 순서가 있다는 것 말이에요. 이렇듯 순서가 있는 원소로 구성된 자료형을 **시퀀스 자료형**이라고 합니다. 시퀀스 자료형에는 문자열과 리스트뿐만 아니라 06-2절에서 배울 **튜플**이라는 자료형도 있습니다.

```
a = 'once'  # 문자열
b = ['t', 'w', 'i', 'c', 'e']  # 리스트
c = (1, 2, 3, 4, 5)  # 튜플
```

그럼 시퀀스 자료형의 다섯 가지 특징이 무엇인지 알아봐요.

특징 ① 원소에는 순서가 있다

문자열 'abc'의 원소에는 순서가 있습니다. 'a'는 첫 번째, 'b'는 두 번째,

'c'는 세 번째! 이 순서를 **인덱스**라고 하죠. 이렇게 시퀀스 자료형은 순서가 있어서 특정 위치의 원소만 가져오는 **인덱싱**과 **슬라이싱**을 할 수 있답니다.

예시 1
```
a = 'once'
print(a[1])
```
실행 결과
```
n
```

a[1]로 인덱싱하면 인덱스 1의 원소만 가져올 수 있어요. 인덱스는 0부터 시작하므로 n이 출력됩니다.

예시 2
```
b = ['t', 'w', 'i', 'c', 'e']
print(b[2:4])
```
> 인덱스 2 이상 4 미만인 원소를 가져오라는 뜻!

실행 결과
```
['i', 'c']
```

b[2:4]라고 슬라이싱하면 리스트 b의 인덱스 2 이상 4 미만인 원소를 가져옵니다. 실행 결과를 보면 ['i', 'c']를 가져온 것을 확인할 수 있지요.

여기서 잠깐! 문자열 'once'를 인덱싱하니까 문자열이 출력되었고, 리스트 ['t', 'w', 'i', 'c', 'e']를 슬라이싱하니까 리스트가 출력되었죠! 예리한 분이라면 눈치챘을 거예요.

슬라이싱한 자료는 슬라이싱하기 이전 자료형의 특징을 그대로 가져옵니다. 리스트를 슬라이싱하면 리스트, 문자열을 슬라이싱하면 문자열이죠! 치즈를 슬라이싱하면 여전히 치즈인 것처럼 말이에요.

> 치즈를 슬라이싱하면? 치즈!

예시 3
```
a = 'once'
print(a[-1])
```
마이너스 1은 뒤에서 첫 번째
원소를 가져오라는 뜻!

실행 결과
```
e
```

예시 3에서는 인덱스가 –1로 되어 있어요. 마이너스라니, 어떻게 인덱싱하지요? 인덱스에서 음수인 값은 '뒤에서 몇 번째 값'을 의미해요. a[-1]은 문자열 a의 원소 중 뒤에서 첫 번째 값을 의미하죠.

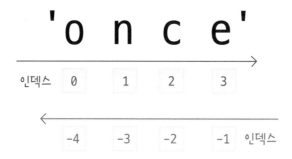

그러니까 문자열 'once'의 원소 'e'는 인덱스 3인 동시에 인덱스 –1인 거예요.

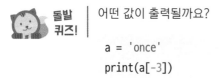 어떤 값이 출력될까요?

```
a = 'once'
print(a[-3])
```

정답 n

122

예시 4   b = ['t', 'w', 'i', 'c', 'e']

print(b[:3])

> 맨 처음부터 3 미만인 원소를 슬라이싱하라는 뜻!

실행 결과   ['t', 'w', 'i']

시작 인덱스가 비어 있다면 '맨 처음 원소'부터, 종료 인덱스가 비어 있다면 '마지막 원소'까지 가져오라는 의미입니다. 따라서 b[:3]은 b[0:3]과 같은 의미예요. 시작 인덱스에 0이 생략되어 있다고 볼 수 있지요.

한편 종료 인덱스가 없는 b[1:]이라면 인덱스 1부터 맨 마지막 원소까지 모두 다 가져온다고 생각하면 됩니다. 실행하면 ['w', 'i', 'c', 'e']가 나오겠죠?

 돌발 퀴즈! | 시작 인덱스와 종료 인덱스가 모두 없으면 어떤 값이 출력될까요?

b = ['t', 'w', 'i', 'c', 'e']
print(b[:])

정답 ['t', 'w', 'i', 'c', 'e']

보석 마니아 두더지가 돌아왔습니다. 그동안 보석을 더 많이 모았다고 하는데요? 인덱싱과 슬라이싱을 이용하여 두더지 가방 속에 들어 있는 보석 중에서 '다이아몬드'와 '금'을 찾아 보세요.

실습	코딩해 보세요!	정답 260쪽

```
01  # jewel1에 '다이아몬드' 하나를 담아 보세요
02  bag1 = ['은', '은', '은', '은', '은', '은', '은', '은', '은', '은',
        '은', '은', '은', '은', '다이아몬드', '은']
03  jewel1 =        음수인 값으로 인덱싱하면 간단해요.
04
05  # jewel2에 '금' 9개를 담아 보세요
06  bag2 = ['은', '은', '은', '은', '은', '은', '은', '은', '은', '은',
        '은', '은', '은', '금', '금', '금', '금', '금', '금', '금', '금', '금']
07  jewel2 =        종료 인덱스를 쓰지 말고 슬라이싱해 봐요!
08
09  # 보석을 잘 골라냈는지 확인해 볼까요?
10  print('두더지 가방 안의 가장 비싼 보석', jewel1)
11  print('두더지 가방 안의 금빛 보석들', jewel2)
```

04-3

시퀀스의 멤버와
길이 체크

특징 ② 멤버를 조회할 수 있다

시퀀스의 두 번째 특징! 멤버(원소)를 조회할 수 있습니다. 문자열과 리스트에서 in 연산자를 이용하면 특정 원소가 들어 있는지 확인할 수 있답니다.

기본형	조회할 원소 in 시퀀스

방법은 간단해요. 조회하고 싶은 원소를 적고 in 뒤에 시퀀스 자료 또는 시퀀스가 저장된 변수 이름을 써넣으면 됩니다. 리스트의 원소를 조회해 볼까요?

예시 1	출석자 = ['도도새', '애벌레', '토끼', '모자장수', '체셔'] '토끼' in 출석자 # '토끼' 원소가 출석자 리스트 안에 들어 있는지 확인

원소 조회를 이용하면 이렇게 **'토끼'**가 출석자 리스트에 들어 있는지 빠르게 찾아볼 수 있죠.

문자열의 원소도 조회할 수 있습니다.

예시 2

```
a = 'once'
print('o' in a)  # True
```

원소 **'o'**가 문자열 a에 포함되어 있는지 확인하고 있어요. 문자열 **'once'** 안에 **'o'**가 들어 있으므로 출력 결과는 **True**가 나옵니다.

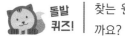 **돌발 퀴즈!** | 찾는 원소가 문자열에 없다면 True와 False 중에서 어떤 결과가 나올까요?

```
a = 'once'
print('z' in a)
```

정답 False

특징 ③ 길이를 확인할 수 있다

시퀀스의 세 번째 특징! 길이를 확인할 수 있습니다. 이때 길이란 시퀀스 자료 안에 들어 있는 원소의 개수를 의미해요.

예를 들어 리스트에 사탕(원소)이 여러 개 들어 있는데 총 몇 개인지 알고 싶을 때 다음과 같이 len() 함수를 사용해요.

기본형   len(길이를 알고 싶은 시퀀스 자료)

사탕 = [🍬 , 🍬 , 🍬 , 🍬]

len (사탕)   # 사탕이 4개니까 리스트 길이도 4

실제 코드로도 살펴볼까요?

예시	`a = 'once'` `print(len(a))`	`b = ['t', 'w', 'i', 'c', 'e']` `print(len(b))`
실행 결과	4	5

문자열 a와 리스트 b의 길이를 len() 함수로 알아냈습니다. 문자열 a는 원소의 개수가 4개이니 길이가 4이겠지요. 리스트 b는 원소가 5개이니 길이가 5이고요.

예시처럼 원소가 많지 않다면 눈으로 셀 수 있어서 문제가 되지 않지만, 원소가 셀 수 없이 많을 경우엔 len() 함수가 아주 유용합니다. 파이썬이 알아서 계산해 주기 때문이에요. print(len(a))로 시퀀스 a의 길이를 쉽게 확인할 수 있지요.

5분 코딩 20

시퀀스의 멤버 조회하기

[엘리스 코딩] → [첫 파이썬] → [04장] → [5분 코딩 20]

다음 실습을 따라 해 보면서 시퀀스의 멤버를 조사하는 방법을 익혀 봅시다.

실습	코딩해 보세요!	정답 260쪽

```
01   # 리스트 ['Apple', 'Banana', 'Chamwae', 'Durian']을 담아 주세요
02   my_list =
03
04   # 'Egg'가 my_list에 들어 있는지 확인하고, 그 결과를 넣어 주세요
05   my_var =
```

> 멤버 조회 기본형은
> 'a' in list

5분 코딩 21

시퀀스의 길이 조사하기

[엘리스 코딩] → [첫 파이썬] → [04장] → [5분 코딩 21]

다음 실습을 따라 해 보면서 시퀀스의 길이를 조사하는 방법을 익혀 봅시다.

실습	코딩해 보세요!	정답 260쪽

```
01   # 문자열 'Impossible'을 담아 주세요
02   my_str =
03
04   # len을 이용해 my_str의 길이를 넣어 주세요
05   my_var =
```

> 길이 확인 기본형은
> len(a)

04-4

시퀀스끼리
더하고 곱하기

특징 ④ 연결 연산을 할 수 있다

02-5절에서 더하기 연산자(+)로 문자열 두 개를 이어 붙였던 것 기억하나요?
이와 같이 같은 시퀀스 자료형 두 개를 + 연산자로 이어 붙일 수 있어요. 리스
트와 리스트를 더하면 하나의 리스트가 만들어진답니다. 와우!

예시
```
c = ['t', 'w', 'i'] + ['c', 'e']
print(c)
```
두 리스트를 하나로!

실행 결과
```
['t', 'w', 'i', 'c', 'e']
```

리스트 ['t', 'w', 'i']와 ['c', 'e']를 더했네요. 실행 결과를 보면 두 리스
트가 하나로 합쳐져서 ['t', 'w', 'i', 'c', 'e']가 되었습니다.

특징 ⑤ 반복 연산을 할 수 있다

곱하기 연산자(*)도 마찬가지예요. 02-5절에서 곱한 숫자만큼 문자열이 반복되었듯이, 다른 시퀀스 자료형도 반복 연산을 할 수 있습니다.

예시
```
d = ['Hi'] * 3    세 번 반복하라는 뜻!
print(d)
```

실행 결과
```
['Hi', 'Hi', 'Hi']
```

리스트 ['Hi']를 곱하기 연산자로 세 번 연산하니 실행 결과가 ['Hi', 'Hi', 'Hi'] 이렇게 'Hi'가 세 번 반복해서 나왔어요.

5분 코딩 22 삼! 육구, 삼육구! 게임
[엘리스 코딩] → [첫 파이썬] → [04장] → [5분 코딩 22]

다음 실습에서 시퀀스를 연결하고 반복하는 방법을 익혀 보아요.

실습	코딩해 보세요!	정답 260쪽

```
01  # 리스트에 [3, 6, 9]가 담겨 있어요
02  my_list = [3, 6, 9]
03
04  # [3, 6, 9]를 3번 반복한 리스트를 담아 주세요
05  my_var =                          * 연산자를 사용해요.
```

코딩별에 '이상한나라M' 게임이 출시되었어요. 이 게임에서는 세 가지 문자열 item1, item2, item3이 주어졌을 때, 이를 이어 붙인 문자열 + '무기' 형태로 강화 무기를 만들 수 있습니다. 게임 속 강화 무기를 만들어 보세요.

실습	코딩해 보세요!	정답 260쪽

```
01   # 엘리스 토끼가 강화 무기에 넣고 싶은 내용을 item1, item2, item3에
        적었어요
02   item1 = '완전 좋고'           문구를 자유롭게
                                   바꿔도 돼요!
03   item2 = '빛나며'
04   item3 = '손에 착착 감기는'
05
06   # item1, item2, item3을 이어 붙여서 무기를 만들어 보세요
07   weapon =                      코드 아래 설명을 참고해
                                   item 사이에 공백을 넣어
08                                 보세요!
09   # 만든 무기 weapon을 출력해 확인해요
10   print(weapon)
```

weapon을 만들 때 item1과 item2, item2와 item3 사이에 띄어쓰기(공백)를 넣고 싶나요? 그럼 다음과 같이 중간에 더하기 연산자(+)와 함께 공백 문자열을 넣어 보세요.

```
item1 + ' ' + item2 + ' ' + item3 + ' ' + '무기'
```

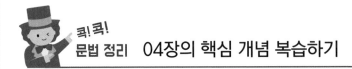

❶ 리스트의 맨 뒤에 원소를 추가할 때 이 함수를 사용해.

❷ 리스트의 원소를 제거하고 싶을 때 이 함수를 사용해.

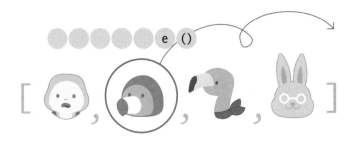

❸ 리스트의 원소를 정렬하고 싶을 때 sort() 함수를 쓰면 숫자형은 ⬤1 ⬤2 ⬤ 순으로, 문자열은 ⬤A ⬤B ⬤ 순으로 정리돼.

❹ 문자열, 리스트, 튜플과 같이 순서가 있는 자료형을 ⬤시 ⬤ ⬤ 자료형이라고 해.

❺ 순서가 있는 자료형에서 멤버(원소) 조회를 하는 연산자는 ⬤i ⬤, 길이 확인을 하는 함수는 ⬤l ⬤ ⬤ () 이야.

정답 ❶ append() ❷ remove() ❸ 123, ABC ❹ 시퀀스 ❺ in, len()

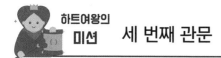

하트여왕의 미션 | 세 번째 관문

미션 01 | 칙칙폭폭 기차놀이

[엘리스 코딩] → [첫 파이썬] → [04장] → [미션 01]

부산행 기차가 승객을 태우고 출발했습니다. 기차역에 설 때마다 사람들이 타기도 하고 내리기도 하지요. 앞에서 배운 리스트의 활용법으로 차장님을 도와 승객을 태우고 내려 주세요.

실습	코딩해 보세요!	정답 260쪽

```
01   # 기차에 승객이 3명 있어요
02   train = ['성진', '찬경', '준영']
03
04   # 서울역: 승객 '주아'를 맨 뒤에 태우세요
05                          맨 뒤 추가는 append()
06   print('서울역 도착.  // ', train)
07
08   # 대전역: 1등석 승객 '동빈'을 맨 앞에 태우세요
09                          중간에 추가는 insert()
10   print('대전역 도착. // ', train)
11
12   # 부산역: 종착역이니 사전순으로 정렬해 주세요
13
14   print('부산역 도착. // ', train)
15   print('오늘도 코딩별 기차를 이용해 주셔서 감사합니다.')
```

133

도마뱀 빌이 마트에서 과일을 사고 있어요. 열대 지방에서 온 도마뱀 빌을 위해 .remove()로 장바구니에서 **'딸기'**를 제거해 주세요. 딸기는 열대 과일이 아니라서 도마뱀 빌이 싫어하니까요.

단, 조건문과 **in** 연산자를 사용하여 **'딸기'**가 장바구니 안에 들어 있는지 확인하고 제거해야 해요.

· '딸기'가 있다면: 해당 과일을 리스트에서 지웁니다.
· '딸기'가 없다면: '딸기는 fruits 안에 없습니다!'라는 문장을 출력합니다.

실습	코딩해 보세요!	정답 260쪽

```
01   # 도마뱀 빌이 장바구니에 담은 과일 리스트입니다
02   fruits = ['바나나', '딸기', '두리안', '망고']
03
04   # '딸기'가 fruits 안에 들어 있다면 지우고, 없다면 메시지를 출력하세요
05   if
06
07   else:
08
```

> 멤버를 조회할 땐 in을 사용해요.

> 원소를 삭제할 땐 remove() 함수를 사용해요.

134

코딩별★ 간식 04　세계 최초의 프로그래머는 누구?

컴퓨터보다 먼저 등장한 프로그래밍

세계 최초의 프로그래머는 에이다 러브레이스Ada Lovelace라는 영국 수학자입니다. 러브레이스는 1842년에 최초로 프로그래밍을 했습니다. 컴퓨터가 만들어지기도 전에 프로그래밍을 했다니, 말이 안 되는 이야기 같나요?

에이다 러브레이스
(출처: https://ko.m.wikipedia.
org/wiki/에이다_러브레이스)

어린 시절부터 수학과 과학 교육을 받은 러브레이스는 많은 학자와 교류하면서 지냈는데, 그중에는 찰스 배비지Charles Babbage라는 수학자가 있었습니다. 배비지는 1837년에 복잡한 계산을 자동으로 처리하는 '해석 기관'이라는 기계, 오늘날로 말하면 컴퓨터를 설계했습니다. 하지만 당시 기술로는 컴퓨터를 실물로 만들 수가 없었죠. 러브레이스는 배비지가 설계한 컴퓨터가 어떻게 작동하는지 정리하며 일부를 덧붙이고 고쳤습니다. 이 과정이 바로 최초의 '프로그래밍'이었던 것이죠.

에이다 러브레이스가 찰스 배비지에게 보낸 '베르누이 수'에 대한 편지
(출처: https://www.wired.com/
2015/12/untangling-the-tale-
of-ada-lovelace/)

최초의 프로그래밍은 종이에 쓴 글씨였다고?

물론 러브레이스가 했던 프로그래밍은 종이에 쓴 글씨에 불과했어요. 하지만 러브레이스가 프로그래밍의 구체적인 부분을 최초로 만든 것은 분명합니다. 우리가 배운 `if` 문이나 05장에서 다룰 반복문도 러브레이스가 생각한 코드였으니까요. 이와 같은 구조는 오늘날 모든 프로그래밍 언어에서 사용하고 있습니다.

이렇듯 프로그래밍이란 단순히 기계적으로 컴퓨터에게 말을 시키는 것이 아니라, 컴퓨터를 이해하는 논리적인 사고방식이라고도 할 수가 있답니다. 그 결과 컴퓨터가 없던 시대에 최초의 프로그래머가 탄생했던 것이죠.

러브레이스의 프로그래밍은 오늘날 AI와 IT 기술이 첨예하게 발달하는 현대 사회에서 컴퓨팅 사고의 의미와 필요성을 느끼게 해 줍니다.

05

코드의 반복 줄이기
— 반복문

뽕나무 숲을 지나가려면 애벌레의 양말을 개야 합니다.
그런데 양말이 왜 이렇게 많은 거죠? 엘리스 토끼가 꾀를 내고 있군요.
05장에서는 지루하게 반복되는 코드를 줄여서
간단하게 만드는 반복문을 배워 봅시다.

- 반복문이 무엇인지 설명할 수 있어요.
- 반복의 범위를 이해하고 반복문을 만들 수 있어요.
- 조건이 참일 때만 실행되는 반복문을 만들 수 있어요.

이 장의
목표

코딩 단어장 　반복문, for 문, range() 함수, while 문, break 문

05-1

반복되는 코드는 지루해!

여러분은 평소 어떤 일을 반복하나요? 방 청소
라든가 양말 정리, 수건 개기… 이런 일은 같은
동작을 반복해야 하므로 지루하지만 쾌적한 생
활을 하려면 반드시 필요하죠.

프로그래밍에서도 마찬가지예요. 그래서 파
이썬에서는 같은 코드를 일일이 입력하지 않아도 자동으로 반복되도록 하는
특정 구문을 만들어서 사용할 수 있어
요. 마치 자동 기계처럼 말이에요.

반복되는
코드는 싫어!

```
print('*')
print('**')
print('***')
```

파이썬에서는 어떤 범위 안에서 특정 명령을 반복하는 구문을 **반복문**이라고 해요. 이때 반복할 범위는 일정한 횟수나 어떤 조건을 만족할 동안으로 한정할 수 있어요.

나는 매일 <u>책을 10쪽씩</u> <u>읽을 거야!</u>
               반복할 범위   반복할 일

나는 <u>비가 그칠 때까지</u> <u>만화책을 읽을 거야!</u>
       반복할 범위   반복할 일

반복문을 이용하면 수백 수천 번 반복해야 하는 일도 단 몇 줄 코드만으로 간단하게 해결할 수 있답니다. 02장의 계단 별자리 만들기 미션도 100층, 1000층까지 쉽고 빠르게 완성할 수 있죠.

```
print('*')
print('**')
print('***')
print('****')
print('*****')
```

5층짜리 계단 별자리 만들기 코드

```
for i in range(1, 6):
    print('*' * i)
```

반복문으로 작성한 코드

05-2

반복문의 기본
— for 문

파이썬에서 같은 내용을 반복하게 하는 마법 같은 구문이 바로 for 문입니다.
컴퓨터는 for라는 키워드를 보면 '반복문이 시작되는구나!' 하고 알아듣는답니다.
그런데 for 문을 사용해 반복하려면 '무엇을 반복하는지'와 '얼마만큼 반복
하는지' 알아야겠죠? 컴퓨터에게 무조건 '반복해!'라고 하면 무엇을 얼마만큼
반복하라는 것인지 알아들을 수 없을 테니까요.

200번 반복해서 **줄넘기를 넘어!**
범위   명령

1000번 반복해서 **훌라후프를 돌려!**
범위   명령

그래서 반복문에는 '무엇을 반복하라'는 **명령**과 '얼마만큼 반복하라'는 **범위**를 꼭 넣어야 해요.

반복할 범위는 시퀀스로!

그럼 for 문에서 반복할 범위와 명령은 코드로 어떻게 표현하는지 알아볼까요? for 문의 반복 범위는 시퀀스로 표현합니다. 시퀀스는 리스트, 문자열처럼 여러 원소가 순서대로 나열된 형태의 자료형이었던 것 생각나죠?

for 뒤에 변수 이름을 정해서 쓴 뒤 in 키워드와 시퀀스 자료를 적으면 시퀀스 원소의 개수만큼 반복하겠다는 뜻이 됩니다. 반복할 명령은 그다음 줄에 들여쓰기를 한 후 적으면 돼요.

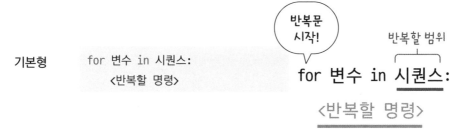

기본형
```
for 변수 in 시퀀스:
    <반복할 명령>
```

별('*')을 세 번 출력하는 예시를 살펴보겠습니다.

예시 1
```
for i in [1, 2, 3]:
    print('*')
```
실행 결과
```
*
*
*
```

예시 1에서는 변수 이름을 i로 하고 반복할 범위로 리스트 [1, 2, 3]을 사용했네요. 어떻게 반복해서 실행 결과가 나왔는지 한번 따라가 볼까요?

반복의 과정 이해하기

방법은 간단합니다. 리스트 [1, 2, 3]의 원소를 하나씩 가져다가 명령을 실행하면 됩니다. 원소 1을 가져다가 명령을 실행하고, 그다음으로 2를 가져다가 명령을 실행하는 식입니다. 이렇게 반복하여 마지막 원소인 3까지 가져다가 명령을 실행합니다.

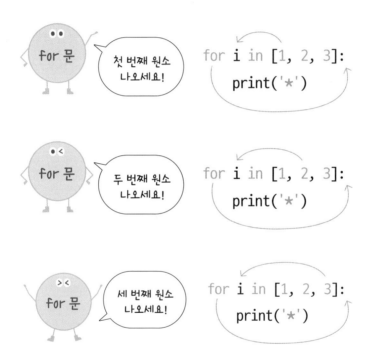

이때 시퀀스의 원소는 잠시 변수에 담아서 사용합니다. 예시 1에서 사용한 i와 같이 말이에요. 시퀀스의 원소들이 기다리고 있다가 자기 차례가 되면 변수 i에 쏙 대입되고, 시퀀스의 길이만큼 명령이 반복해서 실행됩니다. 여기에서는 for 문의 변수 이름으로 i를 사용했지만 i 대신 다른 이름을 써도 돼요.

for i in [1, 2, 3]

print('*')

원소가 3개이니 시퀀스의 길이도 3,
즉 세 번 반복한다는 뜻!

결론적으로 말하면 변수 i에 시퀀스 [1, 2, 3]의 원소가 하나씩 대입될 때마다 print('*') 명령이 한 번씩 총 세 번 실행됩니다. 시퀀스가 '반복할 범위'로 사용된 것이죠. 만약 예시 1에서 반복문의 범위가 문자열 'abc'로 주어지면 어떻게 될까요? 원소가 똑같이 세 개이니 실행 결과도 똑같답니다.

 돌발 퀴즈! │ 다음 반복문의 명령은 몇 번 실행될까요?

```
for x in 'abcdefg':
    print(x)
```

번 7 둡셩

이번에는 1에서 4까지 숫자를 출력하는 반복문을 살펴볼까요? 반복할 명령은 '출력'이고 반복할 범위는 1부터 4까지예요. 그런데 1부터 4까지인 범위를 그대로 출력하면 되니 반복문의 변수 i를 명령에 그대로 가져다 사용하면 되겠지요!

예시 2

```
for i in [1, 2, 3, 4]:
    print(i)
```

시퀀스가 반복할 범위이자
출력할 원소로 쓰였어요.

이번에도 마찬가지로 변수 i에 시퀀스의 원소가 하나씩 대입되면서 명령을 반복합니다.

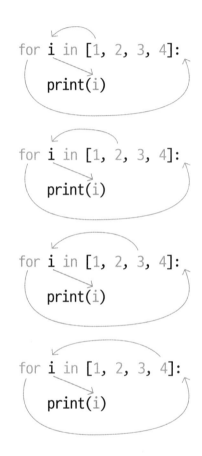

변수 i에 리스트 [1, 2, 3, 4]의 원소들이 하나씩 대입될 때마다 명령 print(i)가 실행됩니다. 실행 결과가 왜 숫자 1, 2, 3, 4로 차례로 출력되는지 알겠죠?

실행 결과	1
	2
	3
	4

 한 걸음 더! for 문 작성할 때 주의할 점

for 문을 작성할 때에는 다음과 같은 부분을 주의하세요!

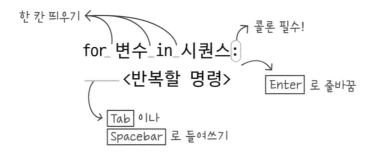

❶ for, 변수, in, 시퀀스 사이에는 **띄어쓰기를 한 칸씩** 해 주세요.

❷ in 키워드를 적은 뒤에 반복할 범위로 사용할 시퀀스를 적어야 해요.

❸ 시퀀스 뒤에는 잊지 말고 **콜론(:)** 을 넣어 주세요.

❹ 명령을 적기 전에 먼저 Enter를 눌러 줄을 바꿔야 해요.

❺ Tab이나 Spacebar로 **들여쓰기**를 한 다음 반복할 명령을 입력해요. 그래야 컴퓨터가 이 명령을 보고 'for 문 안에 포함된 명령이구나!' 하고 이해하기 때문이에요.

❻ 만약 명령이 여러 개라면 이어서 Enter로 술을 바꾸고 ❺처럼 들여쓰기를 한 다음 명령을 입력하면 된답니다. 어렵지 않죠?

아기 코끼리 열 마리가 거미줄 그네를 타려고 줄을 서 있습니다. 아기 코끼리를 일일이 그네에 태우려면 엄마 코끼리가 무척 힘들겠지요? 앞에서 배운 for 문을 이용하면 쉽습니다.

실습	코딩해 보세요!	해설 261쪽

```
01   # 주어진 for 문을 그대로 따라서 입력해 보세요
02   nums = [1, 2, 3, 4, 5, 6, 7, 8, 9, 10]
03
04   for i in nums:
05       print(i,'번째 코끼리가 거미줄에 걸렸네♪')
```

엄마 코끼리를 도와 아기 코끼리 열 마리 모두 거미줄 그네를 태우는 데 성공했나요? 오류 없이 실행되었다면 다음 질문에도 답해 보세요.

- print() 함수가 몇 번 실행되었나요?
- for 문에서 i의 역할은 무엇인가요?
- for 문은 언제 사용하면 좋을까요?
- for 문의 변수 이름은 마음대로 지어도 될까요?

막힘없이 술술 대답했다면, 여러분은 반복문의 기본인 for 문을 완벽히 정복한 것입니다.

05-3

어려운 for 문
이해하기

어려운 for 문 읽어 보기

이번엔 조금 더 복잡한 for 문을 살펴볼게요. 다음 예시는 리스트의 모든 값을
더하는 코드입니다. 그런데 변수로 i와 sum 이렇게 두 가지를 사용했어요. 이
런! 벌써부터 골치가 아프군요. 이 반복문은 어떻게 작동하는 걸까요?

예시

```
sum = 0
                    반복할 범위
for i in [3, 6, 9]:
    sum = sum + i    반복할 명령
```

당황하지 말고 반복문의 범위와 명령을 찾아보세요. 반복할 범위는 리스트
[3, 6, 9], 반복할 명령은 sum = sum + i입니다. 리스트 [3, 6, 9]의 원소가
하나씩 대입되면서 sum = sum + i가 세 번 실행되겠군요. i는 앞에서 배웠으
니까 알겠는데 그럼 sum은 뭘까요?

이 반복문을 만든 목적은 '리스트의 원소를 모두 더하기' 위해서입니다. 그럼 '리스트의 원소를 더한 값'을 저장할 변수가 필요하겠지요? 값은 어딘가에 담겨야 하니까요. 그래서 sum이라는 변수를 만들어 사용한 것입니다. 맨 처음에는 합계가 0이므로 첫 줄에 sum = 0을 적은 거예요.

① i = 3일 때

for 문의 명령을 반복할 범위 [3, 6, 9] 중 먼저 원소 3이 i에 대입됩니다. 코드 첫 줄을 보면 sum = 0이었지요? 반복할 명령 sum = sum + i를 실행하면 sum에 3이라는 값이 들어갑니다.

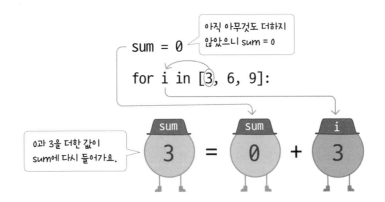

② i = 6일 때

for 문의 명령을 반복할 범위 [3, 6, 9] 중 두 번째 원소 6이 i에 대입됩니다. 앞 단계에서 sum이 3이 되었지요? 반복할 명령 sum = sum + i를 실행하면 sum은 9가 됩니다.

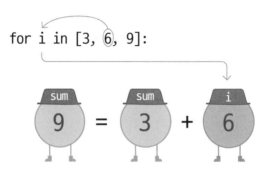

③ i = 9일 때

for 문의 명령을 반복할 범위 [3, 6, 9] 중 마지막 원소 9가 i에 대입됩니다. 앞 단계에서 sum이 9가 되었지요? 반복할 명령 sum = sum + i를 실행하면 sum은 18이 됩니다.

for i in [3, 6, 9]:

$$18 = 9 + 9$$

sum = sum + i

변수 i와 sum에 들어가는 값이 어떻게 바뀌는지 이해할 수 있나요? i에는 리스트 [3, 6, 9]의 원소가 차례로 들어가고, sum에는 더한 값이 계속 업데이트되죠. 그 결과 sum의 값이 18이 됩니다.

실행 결과   18

더하는 반복문 직접 코딩하기

이번에는 코드가 없다고 생각하고 직접 작성할 때 어떤 과정을 거치는지 살펴볼까요?(이제부터 설명하는 내용은 초보자에게 조금 어려울 수 있어요. 이해하기 힘들다면 바로 [5분 코딩 25]로 넘어가도 됩니다.)

리스트 [3, 6, 9]의 모든 원소를 더하는 코드를 작성하려고 합니다. 원소의 값을 모두 더할 때까지 명령을 반복해야 하니 for 문을 사용하는 게 좋겠군요. 리스트의 길이가 3이고 명령을 세 번 반복해야 하므로 반복할 범위를 리스트 [3, 6, 9] 그대로 설정합니다.

```
for i in [3, 6, 9]:
```

이제 줄을 바꿔서 리스트의 모든 원소를 더하는 명령을 써야 해요. 변수 i에 3, 6, 9가 하나씩 대입되니 명령에서도 i를 그대로 가져다 사용하면 편합니다. 이때 리스트의 모든 원소를 더한 값을 저장할 변수가 하나 필요하겠군요. sum이라는 변수를 만들어서 사용하면 됩니다.

여기에서 주의할 점은 명령문이 반복될 때마다 sum에 i를 더한 값을 다시 sum에 저장해 주어야 한다는 거예요. 그래야 모든 값이 변수 sum에 더해집니다.

150

```
for i in [3, 6, 9]:
    sum = sum + i
```

> 더해서 나온 값을 다시
> sum에 저장해요.

그럼 맨 처음 sum의 값은 무엇일까요? 아직 아무것도 더하지 않았으니 0이어야 해요. 반복문을 시작하기 전에 첫 줄에 다음과 같이 `sum = 0`을 적습니다.

```
sum = 0

for i in [3, 6, 9]:
    sum = sum + i
```

147쪽에서 살펴본 예시 반복문은 이와 같은 과정을 거쳐서 나온 것입니다. 왜 이렇게 코딩하는지 이젠 이해할 수 있겠죠?

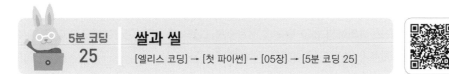

5분 코딩 25 | 쌀과 씰
[엘리스 코딩] → [첫 파이썬] → [05장] → [5분 코딩 25]

겨울잠쥐가 잠자는 동안 애벌레가 '쌀'을 갉아먹어 '씰'로 변해 버렸어요. 봄이 되어 겨울잠쥐가 잠에서 깨어 쌀이 몇 알 남았는지 알고 싶어 하나하나 직접 세려고 하니 눈이 아프다고 합니다. `for` 문과 시퀀스, 그리고 `if` 문을 이용하여 문자열 mix에서 '쌀'의 개수만 세어 보세요.

실습	코딩해 보세요!	정답 261쪽

```
01   # '쌀'과 '씰'이 섞여 있어요
02   mix = '쌀씰쌀쌀씰쌀씰쌀씰쌀쌀씰쌀씰쌀씰쌀씰쌀씰쌀씰쌀씰쌀쌀씰쌀씰쌀씰쌀
     쌀씰쌀쌀씰쌀씰쌀씰쌀씰쌀씰쌀쌀씰쌀씰쌀씰쌀씰'
03
```

151

```
04    # '쌀'을 세어 저장할 변수 count를 만들고 0을 저장해요
05    count = 0
06
07    # i가 '쌀'인지 '씰'인지 확인하고, '쌀'이면 count에 1을 더하여 다시
      count에 저장하세요
08    for i
09        if
10
11
12    # 쌀의 개수를 출력해 확인해요
13    print(count)
```

'쌀'의 개수를 세어야 하니
변수 이름을 count로 해요.

참이면 count에 1을 더하고
다시 count에 저장!

코드를 모두 작성했다면 〈실행〉을 클릭해 남아 있는 '쌀'이 몇 개인지 확인해 보세요.

 한 걸음 더! 효율적인 코드란?

코드는 누가 봐도 이해하기 쉽고 반복이 적을수록 효율적입니다. 여러분이라면 다음 예시 1과 예시 2 중에서 어떤 코드를 작성하고 싶나요?

예시 1

```
print(1)
print(2)
print(3)
print(4)
print(5)
```

예시 2

```
numbers = [1, 2, 3, 4, 5]
for i in numbers:
    print(i)
```

예시 1은 비슷한 코드가 반복되고 있어요. 만약 100까지 출력해야 한다면 한눈에 알아보기 어렵겠죠? 예시 2는 원소가 100까지 있더라도 반복 작업을 간결하게 할 수 있어요.
그런데 만약 출력해야 하는 숫자가 1과 2뿐이라면 for 문보다 print() 함수를 두 번 쓰는 게 더 편하겠죠? 이처럼 어떤 코드가 효율적인지는 상황에 따라 다릅니다.

05-4

뚝딱! 시퀀스 제조기
― range( ) 함수

엘리스 토끼가 신호등 앞에서 초록불이 켜지기를 기다리고 있습니다. 빨간불
에서 초록불로 바뀔 때까지는 20초를 세어야 하죠. 이 과정을 반복문으로 만
든다면 어떻게 해야 할까요? 1초, 2초, 3초 ⋯ 20초까지 반복하면 되니까 다
음과 같이 반복문을 만들 수 있어요.

```
for i in [1, 2, 3, 4, 5, 6, 7, 8, 9, 10, 11, 12, 13, 14, 15, 16, 17, 18,
19, 20]:
    〈기다린다〉
```

숫자가 조금 길지만 쓸 만합니다. 그런데 만약 200초까지 세라고 하면 어떨
까요? 200개의 숫자가 담긴 리스트라니! 어휴! 끝이 안 보이겠군요.

하지만 걱정하지 마세요. 연속된 숫자로 이루어진 시퀀스 자료형을 만들어 주는 range() 함수를 사용하면 되니까요. range() 함수를 사용하면 20초까지 세는 코드를 다음과 같이 짧게 쓸 수 있답니다.

```
for i in range(1, 21):
    〈기다린다〉
```

20까지 세지만
입력은 21로!

와우! 정말 간단하네요. 뚝딱! 시퀀스를 만드는 range() 함수를 알아볼까요?

range() 함수로 시퀀스 만들기

range()를 적은 다음 소괄호 안에 시작 인덱스 a와 종료 인덱스 b를 넣으면 그 구간만큼의 시퀀스 자료형이 만들어집니다. 여기서 주의해야 할 것은 b까지가 아니라 b-1까지의 시퀀스를 만든다는 거예요.

기본형	range(a, b)
	# a에서 b-1까지 연속된 숫자로 이루어진 시퀀스 자료형

예시 1	range(0, 9) # 0, 1, ... , 7, 8

시작 인덱스는 생략할 수 있어요. 소괄호 안에 숫자를 하나만 적으면 컴퓨터는 시작 인덱스 0을 생략한 것으로 안답니다. 예를 들어 range(5)라고 하면 0부터 4까지 연속된 숫자 0, 1, 2, 3, 4로 이루어진 시퀀스 자료형이 만들어집니다.

기본형	range(a)
	# 시작 인덱스 0이 생략된 형태. 0에서 a-1까지 연속된 숫자로 이루어진 시퀀스 자료형

예시 2	range(5) # range(0, 5) → 0, 1, 2, 3, 4

 돌발 퀴즈! | 다음 문제를 풀어 보세요.
① range(3, 6)의 원소는 모두 몇 개인가요?
② range(3)의 원소는 모두 몇 개인가요?

정답 ① 3개(3, 4, 5) ② 3개(0, 1, 2)

05-5

반복문의 범위로
range( ) 함수 사용하기

range()로 뚝딱 만든 시퀀스를 for 문의 명령을 반복할 범위로 사용해 볼까요?
시퀀스를 반복문의 범위로 사용할 때 range() 함수의 의미는 다음과 같아요.

반복할 범위를 알고 있다면? → 구간 반복

```
range(a, b)
# a부터 b-1의 구간 동안 반복
```

반복할 횟수를 알고 있다면? → 횟수 반복

```
range(a)
# a번 반복
```

구간으로 반복하려면 range()의 소괄호 안에 숫자 두 개를 쉼표(,)와 함께 입
력하고, 횟수로 반복하려면 소괄호 안에 숫자를 하나만 입력하면 됩니다. 하
나씩 자세히 살펴볼까요?

1. 구간으로 반복하기

특정 숫자의 구간만큼 반복하는 방법을 예시와 함께 살펴봅시다.

기본형	`for 변수 in range(a, b):` # 반복할 범위는 a부터 b-1까지 연속된 시퀀스 `<반복할 명령>`
예시	`for i in range(5, 8):` `print(i)`

for 문의 명령을 반복할 범위로 range(5, 8)이 주어졌어요. 그럼 범위는 어떻게 만들어질까요? 네, 맞아요. 5부터 8 미만인 숫자, 즉 5, 6, 7로 이루어진 시퀀스 자료형이 만들어집니다. 그래서 이 구간만큼 print(i)를 반복해 실행합니다. 그 결과 5에서 7까지 출력된 것을 확인할 수 있지요.

실행 결과	5 6 7

 **5분 코딩 26** **100까지 셀 동안 꼭꼭 숨어라!**
[엘리스 코딩] → [첫 파이썬] → [05장] → [5분 코딩 26]

코딩별 동물 친구들이 숨바꼭질을 하고 있어요. "100까지 센 다음 찾는다~!" 꾀쟁이 고양이 체셔는 반복문을 이용해서 100까지 한번에 다 센 다음 친구들이 미처 숨기도 전에 찾으러 갈 속셈입니다.

range() 함수를 사용해 100까지 한번에 세는 반복문을 작성해 보세요!

정답 261쪽

실습	코딩해 보세요!

```
01   # 1부터 100까지 한 줄에 하나씩 백 번 출력해 봐요
02   for i in range():
03
```

1부터 100까지 세도록 range() 함수의 소괄호 안을 채워 주면 됩니다.

2. 횟수로 반복하기

몇 번 반복할지 횟수만 중요한 경우, for 문에서 range() 함수의 소괄호 안에 횟수를 적으면 됩니다. '난 열 번 반복할 거야.'라고 한다면 range(10)이라고 적는 거예요. 참 쉽죠?

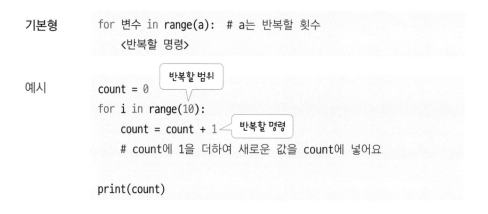

기본형
```
for 변수 in range(a):  # a는 반복할 횟수
    <반복할 명령>
```

예시
```
count = 0
for i in range(10):     반복할 범위
    count = count + 1     반복할 명령
    # count에 1을 더하여 새로운 값을 count에 넣어요

print(count)
```

이번 예시는 숫자 0에 1을 열 번 더하는 반복문이에요. 첫 줄은 일단 건너뛰고, for 문의 범위와 명령이 무엇인지 먼저 찾아봐요. 반복할 범위는 range(10), 반복할 명령은 count = count + 1이지요!

그럼 반복문이 작동하면서 변수 count의 값이 어떻게 변하는지 따라가 봅시다.

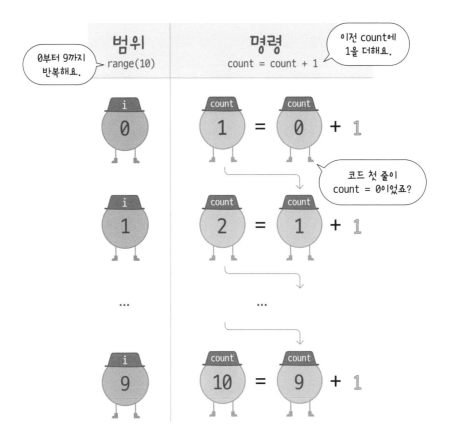

반복이 끝나면 count에 어떤 수가 저장될까요? 처음 0이었던 count의 값에 1이 총 열 번 더해져서 마지막에 count의 값은 10이 된 것을 확인할 수 있습니다. 반복문이 끝나면 print(count)를 통해서 10이 출력됩니다.

실행 결과   10

5분 코딩
27

19단을 외자

[엘리스 코딩] → [첫 파이썬] → [05장] → [5분 코딩 27]

여러분은 구구단을 몇 단까지 외우나요? 인도에서는 무려 19단까지 외운다고 합니다. 아 닛? 우리도 질 순 없다! for 문과 range() 함수를 이용해서 컴퓨터에게 나 대신 19단까지 외우라고 시켜 볼까요?

오른쪽 빨간색 코드처럼 19단을 외웠을 때의 결괏값 을 출력하는 코드를 작성해 보세요.

```
19 * 1 = 19
19 * 2 = 38
...
19 * 18 = 342
19 * 19 = 361
```

실습	코딩해 보세요!	정답 261쪽

```
01   # 소괄호 안을 채워서 19단을 외운 결괏값을 출력해 보세요
02   for i in range():
03       print()
```
> range(a, b) 형태로 범위를 지정해요.

〈실행〉을 클릭해 19단이 잘 출력되는지 확인해 보세요.

160

5분 코딩 28

I Love Python!

[엘리스 코딩] → [첫 파이썬] → [05장] → [5분 코딩 28]

오른쪽 코드를 출력하면 '안녕!'이 다섯 번 출력됩니다. 'I Love Python'을 한 줄에 하나씩 세 번 출력하는 코드를 작성해 보세요.

예시

```
for i in range(5):
    print('안녕!')
```

실습	코딩해 보세요!	정답 261쪽

```
01  # 'I Love Python'을 한 줄에 하나씩 세 번 출력해 봐요
02  for
03
```

> 세 번 반복해야 하므로 범위는 range(3)

한 걸음 더! 반복할 범위가 range(n)일 때 왜 n-1이 아니라 n번 반복할까?

반복문의 범위가 range(n)이면 n번을 반복하지요. 왜 그런지 자세히 살펴볼까요?
range(n)은 0부터 n-1까지로 이루어진 시퀀스입니다. 그렇다면 0부터 n-1까지 원소가 몇 개 들어 있을까요?

range(n)

$$0, 1, 2, ... n-1$$

1개   +   n-1개   =   총 n개

1부터 n-1까지 원소는 n-1개 들어 있고, 여기에 원소 0이 하나 더 있으니 1을 더하면 총 n개의 원소로 이루어진 시퀀스 자료형이겠군요.
따라서 시작 인덱스가 생략된 range(n)이 반복할 범위로 주어지면 총 n번 반복합니다. 만약 range(4)가 반복할 범위로 주어지면? 총 네 번 반복하라는 뜻이겠죠!

05-6

조건으로 반복하자
─ while 문

특정 조건을 만족하는 동안 명령을 계속 반복해야 할 때도 있어요. 다음과 같은 경우에요.

'물이 100℃ 미만'이라는 조건이 참일 경우 계속해서 '가열하라'는 명령을 반복하고 있지요? '~하는 동안'은 영어로 while이에요. 이처럼 특정 조건이 주어지고 이 조건이 참일 동안 명령을 반복할 때에는 while 문을 사용합니다. '조건이 참일 동안 **반복**한다!'라고 기억해 주세요.

while 문 만들기

while 문의 구조는 if 문과 비슷합니다. 조건이 참이면 명령을 반복해서 실행하고, 조건이 거짓이면 명령을 실행하지 않고 반복문에서 빠져나옵니다.

기본형   while 조건:
                         〈반복할 명령〉

if 문은 조건이 참일 경우에 명령을 한 번만 실행하는 반면, while 문은 계속 반복해서 실행한다는 차이점이 있습니다.

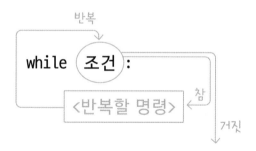

즉, while 문은 명령을 실행한 뒤에 다시 조건을 확인해서 여전히 참이면 다시 명령을 실행합니다. 이렇게 반복하다가 조건이 거짓인 경우가 발생하면 while 문에서 빠져나옵니다.

다음 예시를 통해서 while 문의 구조를 좀 더 구체적으로 알아볼까요? 3부터 1까지 거꾸로 연속된 숫자를 출력하고 마지막에 '**땡**'을 출력하는 예시입니다.

예시

```
i = 3
while i > 0:
    print(i)
    i = i - 1

print('땡!')
```

처음에 변수 i에 3이 저장되어 있습니다. 그리고 while 문에서 조건 i > 0가 참이면 다음 두 가지 명령을 실행합니다.

- i를 출력합니다.
- i에서 1을 뺀 후 다시 i에 저장합니다.

조건 i > 0가 거짓이면 while 문에서 빠져나와 문자열 '땡!'을 출력합니다.

실행 결과가 어떻게 나올지 짐작할 수 있나요? 다음과 같이 처음 i의 값이었던 3에서 1씩 줄어들다가 i가 0보다 작아지면 '땡!' 하고 반복이 끝납니다.

i = 3일 때	i = 2일 때	i = 1일 때	i = 0일 때
i > 0 조건 → 참	i > 0 조건 → 참	i > 0 조건 → 참	i > 0 조건 → 거짓
print(3) i = 2	print(2) i = 1	print(1) i = 0	print('땡!')

실행 결과	3
	2
	1
	땡!

이렇듯 while 문은 조건이 참일 동안에는 명령을 반복해서 실행하다가 조건이 거짓이 되는 순간 while 문에서 빠져나와 다음 코드로 넘어가는 구문입니다.

5분 코딩
29

카운트다운

[엘리스 코딩] → [첫 파이썬] → [05장] → [5분 코딩 29]

10부터 1까지 거꾸로 연속된 숫자를 출력하려면 어떻게 해야 할까요? 코드를 마저 작성해 완성해 보세요.

실습	코딩해 보세요!	정답 261쪽

```
01   # 10부터 1까지 거꾸로 연속된 숫자를 출력하는 코드를 작성해 보세요
02   i = 10
03   while
04
05
```

한 걸음 더! while 문 작성할 때 주의할 점

while 문을 작성할 때에는 다음과 같은 부분을 주의하세요!

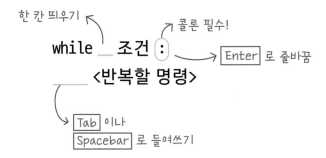

❶ while 다음에 **한 칸**을 띄고 조건을 적으세요.

❷ 조건 뒤에는 잊지 말고 **콜론(:)**을 넣어 주세요.

❸ 명령을 적기 전에 먼저 [Enter]를 눌러 줄을 바꿔야 해요.

❹ [Tab]이나 [Spacebar]로 **들여쓰기**를 한 다음 반복할 명령을 입력해요. 그래야 컴퓨터가 이 명령을 보고 'while 문 안에 포함된 명령이구나!' 하고 이해하기 때문이에요.

❺ 만약 명령이 여러 개라면 이어서 [Enter]로 줄을 바꾸고 ❹처럼 들여쓰기를 한 다음 명령을 입력해 주세요.

이곳은 코딩 법정. 당신의 죄목은 파이썬 태만 죄. 다른 일을 핑계로 파이썬을 소홀히 한 죄입니다.

"익숙함에 속아 소중한 것을 잃어버리다니, 딱하다! 징역 10년 형에 처한다!"

while 문을 이용해서 10년 형을 살고 새 사람이 되어 나와 봅시다! 다음과 같은 실행 결과가 나오도록 while 문을 작성해 보세요.

실행 결과

```
1년째 수감 중입니다.
2년째 수감 중입니다.
...
9년째 수감 중입니다.
10년째 수감 중입니다.
감옥에서 석방되었습니다!
```

실습	코딩해 보세요!	정답 261쪽

```
01  # 'i년째 수감 중입니다.'를 출력하세요
02  i = 1
03  while
04
05
06
07  # while 문 종료 후 '감옥에서 석방되었습니다!'를 출력하세요
08  print('감옥에서 석방되었습니다!')
```

> 메시지를 출력하고
> i에 1을 더해요.

05-7

반복문을 탈출하자
― break 문

while 문은 조건이 참일 때에만 명령을 반복해서 실행합니다. 그런데 만약에
조건이 항상 참이면 어떻게 될까요? 다음 예시를 한번 살펴봅시다.

예시

```
i = 1
while i > 0:  # 항상 True
    print(i)
    i = i + 1
```

처음에 변수 i의 값이 1이고, 조건 i > 0가 참일 때 while 문의 명령을 실행합
니다. 그런데 명령을 실행할 때마다 i > 0에는 1이 더해지므로 i는 항상 0보
다 큰 값이겠죠? 그래서 조건 i > 0는 항상 참이 됩니다. 이럴 경우 실행하면
i를 끝도 없이 출력해서 코드가 무한정 실행됩니다.

i = 1일 때	i = 2일 때	i = 3일 때	...
i > 0 조건 → 참	i > 0 조건 → 참	i > 0 조건 → 참	i > 0 조건 → 참
print(1) i = 2	print(2) i = 3	print(3) i = 4	...

실행 결과

```
1
2
3
...
```

이런! 코드가 계속 실행되잖아!

이처럼 while 문의 조건이 항상 참이어서 코드가 무한정 실행되는 것을 **무한
루프**라고 합니다. 그런데 사람이나 프로그램이 의도한 바에 따르지 않고 코드
가 무한정 실행되면 안 되겠지요? 언젠가는 무한루프에서 빠져나가도록 구멍
을 만들어 줘야 해요. 그렇지 않으면 사람이 강제로 프로그램을 종료시켜야
하기 때문이에요.

예를 들어 스마트폰으로 음악을 무한 재생한다고 생각해 봐요. 스마트폰 배터
리가 10%보다 적어지면 '배터리 부족!'이라는 경고 메시지가 뜨도록 할 수 있
겠죠.

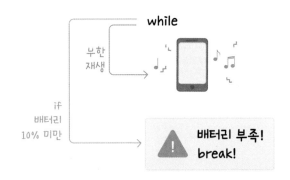

이렇게 반복문을 강제로 종료하고 싶을 때, 조건이 참이든 거짓이든 관계없이 또는 반복할 범위와 상관없이 무조건 반복문에서 탈출시켜 주는 키워드가 바로 break입니다.

조건문과 함께 쓰는 break

break는 보통 조건문과 함께 사용합니다. if 문으로 조건을 달아서 참일 경우 break를 실행하여 반복문에서 탈출하는 식으로 많이 사용해요. 다음 예시 1을 자세히 살펴봐요.

예시 1

```
i = 0
while True:        무한루프 발생!
    print('knock')
    if i >= 3:
        break          i가 3보다 크거나 같으면
    i = i + 1          반복문 탈출!
```

while 문의 조건으로 논리 자료형 True를 적어 주면 조건이 항상 참이 되어 무한루프가 만들어집니다. 이 무한루프 안에 if 문과 break를 사용하여 반복문에서 탈출할 수 있도록 했군요.

i = 0일 때	i = 1일 때	i = 2일 때	i = 3일 때
print('knock')	print('knock')	print('knock')	print('knock')
i >= 3 조건 → 거짓	i >= 3 조건 → 거짓	i >= 3 조건 → 거짓	i >= 3 조건 → 참
i = 1	i = 2	i = 3	break 반복문 탈출!

실행 결과 'knock'는 네 번만 출력되고 반복문이 멈추었습니다.

실행 결과

```
knock
knock
knock
knock
```

휴~ break 덕분에
네 번만 반복했어.

for 문을 멈추게 하고 싶을 때도 break를 사용할 수 있어요. 예시 2는 1에서 4
까지의 범위 동안 명령을 반복하는데, 반복할 명령으로 if 문과 break를 사용
했어요.

예시 2
```
for i in range(1, 5):
    if i == 3:
        break
    print(i)
print('i가 3입니다.')
```

i가 3이면 반복문 탈출!

i = 1일 때	i = 2일 때	i = 3일 때
i == 3 조건 → 거짓	i == 3 조건 → 거짓	i == 3 조건 → 참
print(1)	print(2)	print('i가 3입니다.')

break가 실행되므로 반
복문의 명령인 print(i)
를 실행하지 않아요.

예시 2를 실행해 보면 i에 1과 2가 들어갔을 때까지는 반복문의 명령인
print(i)를 실행하나, i가 3이 되는 순간 반복문에서 빠져나와 그다음 명
령인 print('i가 3입니다.')가 실행됩니다.

실행 결과
```
1
2
i가 3입니다.
```

171

도도새가 코딩별 은행에 12개월 동안 매월 1만 원씩 적금을 넣어서 12만 원이 되었습니다. 첫 달부터 시작해 12개월까지 적금을 넣고 나면 멈춰야겠죠?

은행에서 만든 다음 코드를 그대로 입력해 보면서 break의 작동 원리를 익혀 봅시다.

실습	코딩해 보세요!	해설 261쪽

```
01  # break 문을 그대로 따라서 입력해 보세요        코드의 순서와 들여쓰기에
02  i = 1                                           주의하세요.
03  while True:
04      print(i, '월 1만 원을 입금했습니다.')
05      if i == 12:
06          print('입금 완료! 12만 원을 수령하세요!')
07          break
08      i = i + 1
```

오류 없이 실행되었다면 다음 질문에도 답해 보세요.

- 어떤 작업을 하는 코드인가요?
- while 문의 조건에 True가 들어갔어요. 어떤 의미일까요?
- i = i + 1을 해 준 이유는 무엇일까요?
- 04번 줄의 print(i, '월 1만 원을 입금했습니다.')와 05~07번 줄인 if 문의 위치를 바꾸면 어떻게 될까요? 실행 결과가 어떻게 달라지는지 확인해 보세요.

들여쓰기에 따라 결과가 달라져요

파이썬으로 코딩할 때는 항상 들여쓰기에 조심해야 해요. break를 사용할 때도 마찬가지입니다. 다음과 같이 들여쓰기를 어떻게 하느냐에 따라 실행 결과가 달라질 수 있기 때문이에요.

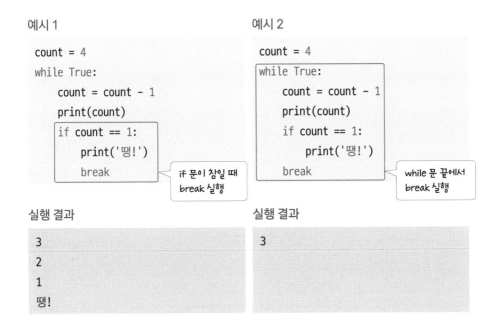

예시 1
```
count = 4
while True:
    count = count - 1
    print(count)
    if count == 1:
        print('땡!')
        break
```
if 문이 참일 때 break 실행

실행 결과
```
3
2
1
땡!
```

예시 2
```
count = 4
while True:
    count = count - 1
    print(count)
    if count == 1:
        print('땡!')
    break
```
while 문 끝에서 break 실행

실행 결과
```
3
```

예시 1에서는 if 문이 참일 경우에 break가 실행되는 반면, 예시 2에서는 while 문의 마지막 명령으로 break가 들어갔어요. 그 결과 예시 1에서는 count가 1이 될 때까지 반복하고 끝나지만, 예시 2에서는 한 번만 실행하고 끝나죠.

이렇듯 들여쓰기는 코드가 어떤 구문에 속하는지를 구분해 주고 이에 따라 실행 결과가 달라질 수 있으니 주의해야 합니다.

도도새가 오른쪽 코딩 문제를 풀고 있어요. 앗! 그런데 큰일 났어요. 〈실행〉을 클릭하는 순간 수업이 많은 코드가 멈추지 않고 계속 출력되는 거예요! 도도새가 당황한 나머지 코드 일부를 지우고 말았어요. 도도새를 대신해서 코드를 완성해 주세요!

> **도도새가 풀던 문제**
> 1부터 10까지의 합을 구해 출력해 보세요.

| 실습 | 코딩해 보세요! | 정답 262쪽 |

```
01   # 도도새가 작성하던 코드를 완성해 주세요
02   i = 1
03   sum = 0          sum은 1부터 10까지 더한
                      값을 저장할 변수예요.
04   while True:
05       sum = sum + i
06       if
                      도도새가 풀던 문제를 보고 작성해요.
07                    i가 몇일 때 break를 해야 할까요?
08       i = i + 1
09   print(sum)
```

 한 걸음 더! 반복문의 맨 처음으로 되돌아가세요! continue

break 말고도 반복문을 제어하는 키워드가 있어요. 바로 continue 문이에요. continue는 반복문을 탈출하는 게 아니라 맨 처음으로 돌아가게 합니다. 오른쪽 코드를 보세요.

```
for i in range(1, 4):
    if i == 2:
        continue
    print(i)
```

실행 결과

```
1
3
```

i = 1일 때	i = 2일 때	i = 3일 때
i == 2 조건 → 거짓	i == 2 조건 → 참	i == 2 조건 → 거짓
print(1)	continue	print(3)

반복문의 맨 처음으로!

i == 2일 때 continue가 실행됩니다. continue가 실행되면 print(i)는 실행되지 않고 반복문의 처음으로 돌아가서 i에 3이 대입됩니다.

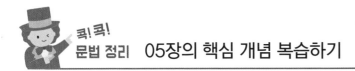
❶ 파이썬에서 같은 작업을 여러 번 반복할 때

에는 ⬤⬤⬤ 을 사용해.

반복되는
코드는 싫어!

```
print('*')
print('**')
print('***')
```

❷ 주어진 범위를 반복할 때 유용한 구문으로 f⬤⬤ 문이 있어. 이때 반복할 범

위는 시⬤⬤ 자료형으로 주어져.

❸ 반복할 명령을 다른 명령과 구분하려면 ⬤⬤⬤⬤ 에 주의해야 해. 그렇지

않으면 컴퓨터가 오류 메시지를 띄울지도 몰라.

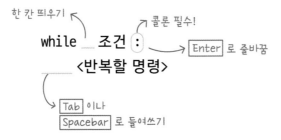

한 칸 띄우기

콜론 필수!

while   조건 : → Enter 로 줄바꿈

<반복할 명령>

→ Tab 이나
Spacebar 로 들여쓰기

❹ ⬤⬤⬤e⬤() 함수를 쓰면 반복무의 범위로 사용할 시퀀스를 간단

하게 만들 수 있어.

175

❺ range() 함수를 반복문의 범위로 사용할 때 다음과 같이 두 가지 형태로 기억하면 쉬워.

a부터 b-1 구간 동안 반복!	n번 반복!
range(⬤ , ⬤)	range(⬤)

❻ 특정 조건이 참일 경우 반복할 때에는 w ⬤ ⬤ ⬤ ⬤ 문을 사용해.

❼ while 문을 빠져나오는 경우는? 조건이 ⬤ ⬤ 일 때!

❽ while 문의 조건이 항상 참일 경우에 코드가 계속 실행되는 무한루프가 만들어져. 무한루프에서 탈출하기 위한 키워드가 바로 ⬤ ⬤ ⬤ ⬤ k 야.

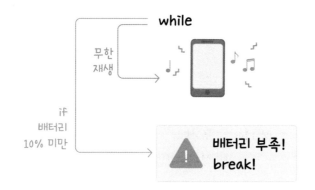

❾ b ⬤ ⬤ ⬤ ⬤ 는 보통 ⬤ ⬤ 문 과 함께 쓰여서 조건이 참일 경우에 반복문에서 탈출하는 구조로 많이 사용하지.

미션 01 **계단 별자리 만들기 Ⅱ**
[엘리스 코딩] → [첫 파이썬] → [05장] → [미션 01]

코딩별 계단 별자리가 점점 커지고 있습니다. 입력한 수에 따라 계단 별자리를 자동으로 출력하는 프로그램을 작성해 보세요. 3을 입력하면 3층짜리, 5를 입력하면 5층짜리 계단 별자리가 나타나도록 말이죠.

실습 | 코딩해 보세요! 정답 262쪽

```
01   # input() 함수로 층수를 입력받아 저장하세요
02   star =                          형 변환을 잊지 마세요.
03
04   # 입력받은 층수의 별자리를 출력하는 코드를 완성해 보세요
05   for i in range():   소괄호 안에 star를 사용해 범위를 입력해요.
06
```

177

치즈 치즈!

[엘리스 코딩] → [첫 파이썬] → [05장] → [미션 02]

겨울잠쥐가 치즈 뷔페에 갔어요. 치즈가 무한으로 제공되지만 건강을 위해 딱 50개만 먹기로 결심했지요. 치즈가 무한으로 제공될 때 50개까지만 추가하는 반복문을 만들어 보세요.

실습	코딩해 보세요!	정답 262쪽

```
01   # 치즈 접시가 비어 있어요
02   cheeze = []
03
04   # 치즈 접시에 문자열 '치즈'가 무한으로 추가되고, 그때마다 '치즈 추
     가!'를 출력해요
05   while True:
06
07
08
09   # cheeze 속 치즈가 50개가 되면 추가를 멈추고 '아이~ 배불러!'를 출력
     해요
10       if
11
12
```

> 리스트.append(자료)로 원소를 추가해요.

> 치즈의 개수는 len() 함수로 알아내요.

> break로 반복문을 멈춰요.

코딩별★
간식 05
버그! 잘못된 코드를 잡아라

코딩을 하면서 가장 신나는 순간은 언제일까요? 아마도 〈실행〉을 클릭해서 짜잔! 하고 원하는 결과가 나왔을 때가 아닐까요? 그 짜릿함 덕분에 코딩에 푹 빠진 사람들도 많습니다.

반면 코딩을 하다 보면 오류도 만날 수 있습니다. 이런 프로그램 오류를 보통 **버그** bug라고 해요. 에러, 실수, 고장, 오작동이라는 말도 있지만 개발자들 사이에서는 버그라는 말을 널리 사용하고 있답니다. 왜 이런 이름이 붙었을까요?

최초의 버그는 나방?!
1945년 미국 해군 연구소 컴퓨터가 어느 날 오작동을 일으켰는데, 알고 보니 컴퓨터 속에 나방이 들어갔기 때문이었다고 합니다. 당시 컴퓨터의 크기가 사무실만 해서 벌레가 들어가고도 남을 정도였거든요.

나방을 잡아서 컴퓨터 오류를 해결하고 작업 일지로도 남겨 두었죠. 이 일에서 유래하여 오늘날에도 프로그램에서 잘못된 부분을 찾아내서 고치는 일을 **디버깅** debugging이라고 한답니다. 디버깅은 '벌레 잡기'를 뜻한대요.

버그는 프로그래머에게 골치 아픈 문제이지만, 차근차근 해결해 나가다 보면 오히려 많은 것을 배울 수 있어요. 프로그래밍을 공부할 때 이 '벌레 선생님'만큼 좋은 스승도 없답니다.

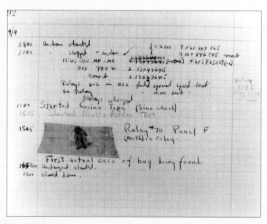

컴퓨터 속에 들어간 나방을 붙여 둔 작업 일지
(출처: 미국 해군 역사관 온라인 웹 사이트)

179

06

독특한 자료형 친구들

벌써 마지막에서 두 번째 문 앞까지 온 엘리스 토끼!
그런데 비밀번호를 입력해야만 통과할 수 있답니다. 체셔 고양이는 사전에서
답을 찾으라고 하는군요. 사전은 영어로 dictionary라고 해요.
딕셔너리라는 자료형을 알면 문을 열 수 있다는 뜻이겠죠?
06장에서는 앞서 배운 문자열과 리스트를 더욱 자유자재로 활용하는
여러 방법을 알아볼 거예요.
그리고 새로운 자료형인 튜플과 딕셔너리도 배워 봅시다.

- 문자열과 리스트를 더 자유롭게 활용할 수 있어요.
- 튜플을 이해하고 리스트와 어떤 점이 다른지 설명할 수 있어요.
- 딕셔너리를 이해하고 이를 직접 만들 수 있어요.

이 장의
목표

코딩 단어장 반환, 튜플, 딕셔너리, Key, Value

06-1

문자열·리스트
가지고 놀기

우리는 04장에서 문자열과 리스트 자료를 다루는 다양한 방법을 배웠어요.
기억나죠?

04장에서 배운 시퀀스 자료형의 특징

- 인덱싱과 슬라이싱으로 특정 원소만 가져와요.
- 특정 원소가 시퀀스에 있는지 확인하는 **멤버(원소) 조회**를 할 수 있어요.
- len() 함수로 시퀀스의 **원소 개수**를 확인해요.
- 시퀀스 자료를 더하거나(**연결**) 곱할(**반복**) 수 있어요.

이번에는 문자열과 리스트를 다루는 새로운 방법을 알아보려고 해요. 여기에
서는 **반환**이라는 중요한 개념을 배웁니다. 04장에서 배운 내용과 비슷하지만
조금 다른 함수들을 만나 볼까요?

N번째 원소를 제거해! — 리스트.pop()

리스트에서 원소를 제거할 때 사용했던 remove() 기억하나요? 이와 비슷한 pop()도 있답니다. remove()는 소괄호 안에 지우고 싶은 **자료**를 적는 반면, pop()의 소괄호 안에는 **인덱스**를 넣어요. 자료를 지우는 기능은 같지만 사용법이 조금 다르죠?

기본형   리스트.pop(i) # i는 제거할 원소의 인덱스

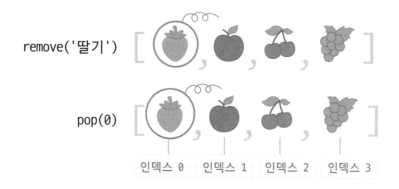

리스트 이름 뒤에 .pop()이라고 적은 후 소괄호 안에 제거할 원소의 인덱스를 넣으면 리스트에서 해당 인덱스의 원소가 제거됩니다.

예시 1   my_list = [1, 2, 3, 4, 5]
               my_list.pop(0) # 인덱스 0인 원소 제거

               print(my_list)
실행 결과   [2, 3, 4, 5]   ◁ 원소 1이 제거되었어요.

my_list의 원소 중에서 인덱스 0인 원소 1을 pop()으로 지웠습니다.

예시 2
```
my_list = [2, 3, 4, 5]
my_list.pop()  # 마지막 원소 제거

print(my_list)
```
실행 결과　　[2, 3, 4] 　마지막 원소 5가
　　　　　　　　　　제거되었어요.

어라? 이번에는 pop()의 소괄호 안에 아무것도 없는데 무엇을 지운다는 말일
까요? 소괄호 안에 아무 숫자도 없으면 마지막 원소를 지우라는 뜻이랍니다. 예
시 2에서 마지막 원소는 5이므로 5가 제거되었어요. pop()으로 원소를 제거한
결과 my_list를 출력해 보면 [2, 3, 4]가 나옵니다.

제거한 원소가 뭔지 알려 주는 친절한 pop()

pop()의 또 하나 큰 특징은 제거한 원소를 반환해 준다는 거예요. **반환**return이
란 함수를 사용하려고 불러낸 위치에 결괏값을 알려 주는 것을 말해요.

예시 3
```
my_list = [1, 2, 3, 4, 5]
print(my_list.pop(0))  # 인덱스 0인 원소를 제거하고 그 값을 출력
```
실행 결과　　1 　pop()으로 제거한 원소인데도
　　　　　　　　출력은 돼요.

예를 들어 my_list.pop(0)으로 인덱스 0인 원소를 제거했을 때 pop()은 "제
거한 값은 1이야!"라고 pop()을 사용하려고 불러낸 위치에 알려 줍니다. 그래
서 my_list.pop(0)을 출력하면 제거한 값인 1이 출력된답니다. pop()에는
제거한 값을 알려 주는 반환 기능이 들어 있어서 가능한 거예요.

반면 remove()에는 반환 기능이 없습니다. 그래서 remove()로 제거한 값은 출력해도 나타나지 않아요.

아직 반환이 뭔지 잘 이해되지 않아도 괜찮아요. 여기에서는 '반환이라는 것이 있구나!' 하고 넘어가면 돼요. 07장에서 자세히 살펴볼 거니까요.

 돌발 퀴즈! | pop()과 remove()로 원소를 하나씩 지우고 나서 출력해 봤어요. 그 랬더니 하나는 지워진 값이 나오는데 하나는 나오지 않네요! pop()과 remove() 중에서 어떤 걸 사용했을 때 지운 원소가 나올까요?

정답 pop()

특정 자료의 개수를 알려 줘! ─ 시퀀스.count()

시퀀스 자료의 길이를 구하는 len() 함수 생각나죠? 이번에 배울 count()는 시 퀀스 안에 있는 **특정 자료의 개수**가 몇 개인지를 알려 주는 함수예요. 시퀀스 전 체 자료의 개수를 알려 주는 len() 함수와 조금 다르죠. 예를 들어 과자 꾸러 미 안에 있는 사탕, 쿠키, 젤리 중에서 사탕이 몇 개 들어 있는지 알고 싶다면 count()로 쉽게 구할 수 있어요.

과자꾸러미 = [🍬 , 🍬 , 🍪 , 🍪 , 🍪]

len (과자꾸러미)　# 전체 원소 5 개

과자꾸러미.count (🍬)　# 사탕 2 개

기본형　　　시퀀스.count(d)　# d는 개수를 알고 싶은 자료

> 시퀀스는 04-2절에서 문자열, 리스트, 튜플처럼 순서가 있는 원소로 구성된 자료형이라고 배웠어요.

시퀀스 자료 다음에 .count()를 적고 소괄호 안에 개수를 알고 싶은 자료를 넣으면 몇 개 들어 있는지 알려 줍니다. 이렇게 알려 주는 것을 **반환한다**고 표현해요.

예시
```
my_seq = [2, 2, 2, 4, 4]
print(my_seq.count(2))
```
> 2라는 원소가 몇 개인지 알아내요.

실행 결과　　3

리스트 my_seq 안에 2라는 원소가 몇 개 들어 있는지 세어 봐요. 세 개가 있죠? 원소 2의 개수를 알아내는 my_seq.count(2)를 출력한 값도 3이라고 잘 나옵니다. count() 함수가 원소 2의 개수가 몇 개인지 반환했다는 것을 알 수가 있지요.

pop()과 count()를 사용해서 주석 아래에 코드를 완성해 보세요.

실습	코딩해 보세요!	정답 262쪽

```
01  # my_list에 리스트 원소가 들어 있어요
02  my_list = [1, 2, 2, 3, 3, 3]
03
04  # my_list 안에 있는 원소 3의 개수를 변수에 저장하세요
05  var =            count()를 사용해요.
06
07  # my_list가 [1, 2, 3]이 되도록 소괄호 안에 숫자를 입력해 원소 2와 3
    을 지워 주세요
08  my_list.pop()
09  my_list.pop()        주의! pop()으로 원소를
10  my_list.pop()        지우면 인덱스도 변해요.
```

문자열을 쪼개서 리스트로! — 문자열.split()

인터넷에 올라와 있는 데이터는 대부분 문자열 자료입니다. 문자열 자료를 자유자재로 다루려면 리스트로 바꾸는 게 좋아요. 리스트는 원소를 쉽게 추가하고 삭제할 수 있으니까요.

문자열을 리스트로 바꾸는 방법은 여러 가지가 있는데, 여기에서는 문자열을 쪼개어 리스트로 만드는 방법을 배워 볼 거예요. 바로 **split()**입니다. split은 '쪼개다'라는 뜻이에요.

문자열을 쪼개어 리스트로 만들려면 기준이 필요해요. 그래서 리스트로 만들 문자열에 .split()라고 적은 후 소괄호 안에 어떤 문자열을 기준으로 쪼갤 것인지 **기준 문자열**을 넣어 줍니다.

기본형   문자열.split(c) # c는 문자열을 쪼개는 기준 문자열

① 문자 'a'를 기준으로 문자열 쪼개기

원래의 문자열에서 쪼갤 기준이 될 문자열을 정할 수 있어요. 예시 1에서는 'a'를 기준으로 쪼갰어요.

예시 1
```
my_str = 'ialikeayou'
print(my_str.split('a'))   ← 'a'가 기준 문자열이에요.
```
실행 결과
```
['i', 'like', 'you']
```

기준으로 사용한 문자열 'a'는 리스트로 바뀔 때 사라진답니다.

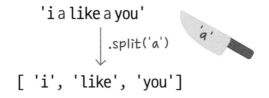

② 공백을 기준으로 문자열 쪼개기

공백을 기준으로 문자열을 쪼갤 수 있습니다.

예시 2	`my_str = '1 2 3 4 5'` `print(my_str.split())`
실행 결과	`['1', '2', '3', '4', '5']` ← 문자열 원소로 리스트 안에 들어갔습니다.

split()의 소괄호 안을 잘 살펴보세요. 아무것도 없네요. 소괄호를 비워 두면 공백을 기준으로 문자열을 쪼갭니다. 따라서 출력 결과로 `['1', '2', '3', '4', '5']`가 나옵니다.

③ 쉼표(,)를 기준으로 문자열 쪼개기

이번엔 쉼표(,)를 기준으로 문자열을 쪼갰어요.

예시 3	`element = 'Na,Mg,Al,Si'` `print(element.split(','))`
실행 결과	`['Na', 'Mg', 'Al', 'Si']`

리스트의 원소를 구분하는 쉼표예요!

기준 문자열 쉼표(,)는 리스트로 바뀔 때 사라져서 출력 결과로 `['Na', 'Mg', 'Al', 'Si']`가 나옵니다.

여기서 잠깐! 문자열을 split()으로 쪼개어 만든 리스트의 원소는 어떤 자료형일까요? 정답은 문자열입니다. 문자열을 쪼개서 만든 원소이기 때문이에요.

치즈는 쪼개도 치즈!

리스트를 합쳐서 문자열로! — 접착 문자열.join(리스트)

리스트를 문자열로 만들 수도 있어요. 리스트 안의 자료를 모두 모아 하나의 문자열로 만들면 돼요. 이때 join() 함수를 사용합니다. join은 '모으다'라는 뜻이에요.

기본형	접착 문자열.join(리스트)
	# 접착 문자열은 리스트의 원소를 이어 붙일 때 원소 사이에 들어갈 문자열

join() 함수를 사용하려면 요소 두 개가 필요해요. 하나는 **문자열로 만들 리스트 자료**이고, 다른 하나는 리스트를 문자열로 만들 때 리스트의 각 원소를 이어 붙일 **접착제 역할을 하는 문자열**이에요.

접착제 역할을 하는 문자열을 먼저 적고 .join()을 적은 후 소괄호 안에 문자열로 만들 리스트 자료를 넣으면 된답니다. 실제 코드를 살펴볼까요?

① 문자열 '&'를 접착제로 사용해 리스트 모으기

리스트 dessert의 원소를 join()으로 합쳐서 문자열로 만들었습니다. 이때 접착제로 사용한 문자열은 '&' 입니다.

예시	```dessert = ['Coffee', 'Donut']```
	```print('&'.join(dessert))``` 접착제 역할을 하는 문자열은 '&' 말고도 자유롭게 넣을 수 있어요.
실행 결과	```'Coffee&Donut'```

실행 결과를 보면 리스트가 문자열 'Coffee&Donut'으로 재탄생했습니다.

190

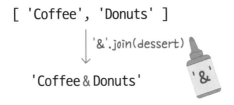

['Coffee', 'Donuts']

↓ '&'.join(dessert)

'Coffee & Donuts'

② 접착제 역할을 하는 문자열 없이 리스트 모으기

접착제 역할을 하는 문자열 없이도 원소끼리 붙일 수 있습니다. 예시와 같이
작은따옴표 안을 비워 ''.join(dessert)라고 적으면 됩니다.

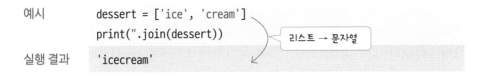

예시	dessert = ['ice', 'cream'] print(''.join(dessert))	리스트 → 문자열
실행 결과	'icecream'	

실행 결과를 보면 접착제 역할을 하는 문자열 없이 원소를 모아 'icecream'
으로 바로 연결된 것을 알 수 있습니다.

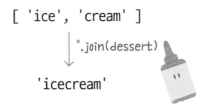

['ice', 'cream']

↓ ''.join(dessert)

'icecream'

여기서 주의할 점 한 가지! join() 함수를 사용해서 리스트 원소를 문자열로 합치려면 원소가 모두 문자열이어야 합니다.

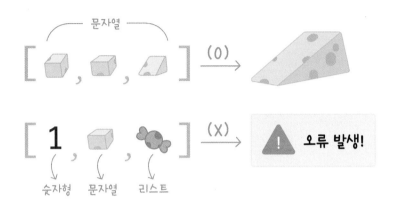

만약 리스트의 원소에 문자열이 아닌 숫자형이나 리스트 등 다른 자료형이 포함되어 있는데 join()을 사용하면 오류가 발생한답니다. 이 점 주의하세요.

| 5분 코딩 34 | **붙이기의 달인**
[엘리스 코딩] → [첫 파이썬] → [06장] → [5분 코딩 34] |

리스트 자료를 붙여서 문자열로 만드는 연습을 해 보세요.

실습	코딩해 보세요!	정답 262쪽

```
01  # 리스트 ['Seeing', 'is', 'Believing']을 변수에 저장하세요
02  my_list =
03
04  # my_list의 원소를 공백(' ') 접착 문자열로 붙여서 var에 담아 주세요
05  var =
```

접착 문자열.join(리스트)

5분 코딩
35

노래 가사 분석하기

[엘리스 코딩] → [첫 파이썬] → [06장] → [5분 코딩 35]

우리 민요 '군밤 타령'의 가사가 쉼표(,)로 구분된 문자열로 주어졌어요. 17번째 가사가 무엇인지 출력해 보세요.

실습	코딩해 보세요!	정답 263쪽

```
01  # 우리 민요 '군밤 타령'의 가사
02  lyrics = '바람이,분다,바람이,불어,연평,바다에,어허어얼싸,돈바람,분다,
        얼싸,좋네,아,좋네,군밤이요,에헤라,생률,밤이로구나,달도,밝다,달도,밝아,
        우주,강산에,어허어얼싸,저,달이,밝아,얼싸,좋네,아,좋네,군밤이요,에헤라,
        생률,밤이로구나'
03
04  # 쉼표(,)를 기준으로 쪼개어 리스트로 만들고 변수에 저장해 주세요
05  lyrics_list =
06
07  # 17번째 가사를 인덱싱해 출력해 보세요
08
```

> 문자열.split(기준 문자열)

> 인덱스는 0부터 세어야 하므로
> 17번째 가사는 인덱스 16!

06-2

변하지 않는 시퀀스
— 튜플

앞에서 배웠듯이 리스트는 값을 수정, 추가, 삭제하기 쉬운 자료형입니다. 그런데 이 장점이 때로는 단점이 될 수도 있어요. 저장한 값을 누구든 쉽게 바꿀 수 있기 때문이에요. 이런 일이 있어서는 안 되겠죠?

만약 초보 개발자 거북이가 my_list라는 리스트에 엄청 중요한 비밀번호 ['l', 'i', 's', 't']를 담았다고 해 봐요. 그런데 이런! 해커가 두 번째 원소 'i'를 'a'로 바꿔 버린다면 곤란하겠죠?

그러나 걱정하지 말아요. 이런 일이 발생하지 않도록 **값이 바뀔 위험이 없으면서도 여러 자료를 담을 수 있는 자료형**을 만들어 두었으니까요. 바로 **튜플**Tuple입니다. 튜플은 리스트처럼 여러 자료를 함께 담을 수 있는 자료형이면서 원소의 값을 수정, 추가, 삭제할 수 없습니다.

튜플의 특징 이해하기

리스트를 대괄호[]로 표현했다면, 튜플은 소괄호( )를 사용해요. 튜플의 원소는 리스트처럼 쉼표(,)로 구분하는데, 원소가 하나밖에 없어도 쉼표(,)를 꼭적어야 합니다. 그리고 소괄호로 묶지 않고 생략해도 파이썬은 이를 찰떡같이알아듣고 튜플로 인식해요. 참 똑똑하죠?

예시 1
```
()  # 빈 튜플
('a',)  # 원소가 하나여도 쉼표는 필수!
('a', 'b', 'c', 'd', 'e')  # 소괄호로 묶기
'a', 'b', 'c', 'd', 'e'  # 소괄호가 없어도 OK
```

다음 예시를 보면서 튜플의 다양하고 중요한 특징을 알아볼까요?

특징 ① 인덱싱, 슬라이싱을 할 수 있어요

튜플 역시 원소끼리 순서가 있는 시퀀스 자료형입니다. 따라서 인덱싱과 슬라이싱을 할 수 있어요.

예시 2
```
my_tuple = ('t', 'w', 'i', 'c', 'e')
print(my_tuple[1])  # 인덱싱 가능
print(my_tuple[2:4])  # 슬라이싱 가능
```

```
w
('i', 'c')
```

특징 ② 원소를 조회하고 길이를 확인할 수 있어요

in 연산자로 특정 원소가 있는지 조회할 수 있고, len() 함수로 튜플의 길이
도 확인할 수 있어요.

예시 3
```
my_tuple = ('t', 'w', 'i', 'c', 'e')
print('t' in my_tuple)  # 원소 조회 가능
print(len(my_tuple))  # 길이 확인 가능
```
실행 결과
```
True
5
```

특징 ③ 더하기(+), 곱하기(*) 연산을 할 수 있어요

더하기 연산자(+)로 튜플을 이어 붙이고, 곱하기 연산자(*)로 튜플을 반복할
수 있어요.

예시 4
```
my_tuple = ('i', 'c', 'e')
print(('e', 'l') + my_tuple)  # 더하기 연산
print(my_tuple * 2)  # 곱하기 연산
```
실행 결과
```
('e', 'l', 'i', 'c', 'e')
('i', 'c', 'e', 'i', 'c', 'e')
```

특징 ④ 원소의 수정·추가·삭제는 불가능해요

리스트와 다른 튜플의 가장 중요한 특징은 자료(원소)를 수정, 추가, 삭제할 수 없다는 것!

튜플

```
my_tuple = (1, 2, 3)

my_tuple.append(4)  # 오류 발생
my_tuple.pop()  # 오류 발생
my_tuple[0] = 4  # 오류 발생
```

리스트

```
my_list = [1, 2, 3]

my_list.append(4)  # OK
my_list.pop()  # OK
my_list[0] = 4  # OK
```

리스트에서 하던 것처럼 튜플의 원소를 수정, 추가, 삭제하려고 하면 모두 오류가 뜹니다. 튜플은 한번 만들어지면 고정되어 자료를 더 이상 수정할 수 없기 때문이에요.

 5분 코딩 36 | **튜플 만들기**
[엘리스 코딩] → [첫 파이썬] → [06장] → [5분 코딩 36]

다음 실습을 따라 해 보면서 튜플을 만들고 익숙해지도록 연습해 보세요.

실습	코딩해 보세요!	정답 263쪽

```
01    # 1, 2, 3, 4, 5를 튜플 자료형으로 저장해 보세요
02    my_tuple =                        리스트는 [ ], 튜플은 ( )로 묶어요.
03
04    # my_tuple을 인덱싱해 인덱스 2의 원소를 담아 보세요
05    var1 =
```

```
06
07    # my_tuple을 슬라이싱하여 원소 1, 2, 3을 담아 보세요
08    var2 =
09
10    # my_tuple의 길이를 담아 보세요
11    var3 =
```
> 길이를 알고 싶을 땐 len() 함수!

 돌발 퀴즈! | 리스트와 튜플 중에서 remove()로 원소를 지울 수 없는 시퀀스 자료형 은?

튜플 :답상

06-3

짝꿍이 있는 딕셔너리

모르는 단어가 있을 때 찾아보는 사전, 어떻게 생겼나요? 'apple'이라는 단어를 사전에서 찾으면 영어 'apple'과 함께 우리말 '사과'가 나란히 쓰여 있습니다. 'apple'과 '사과'는 짝꿍을 이루는 정보라고 할 수 있겠지요?

사전 말고도 짝을 이루는 자료는 우리 주변에 무궁무진하게 많답니다. 회원가입을 할 때 입력하는 성, 이름, ID 자료도 짝꿍을 이루는 자료라고 할 수 있어요.

파이썬의 자료형에도 짝꿍 모양의 자료가 있습니다. 바로 **딕셔너리**^{Dictionary}예요. dictionary는 '사전'을 뜻해요. 짝을 이루는 자료를 담는 자료형다운 이름이죠? 먼저 딕셔너리의 모습을 살펴봅시다.

딕셔너리의 Key와 Value

딕셔너리는 중괄호{}로 묶어서 표현합니다. 딕셔너리 안에는 짝꿍을 이루는 자료를 한 쌍 또는 여러 쌍 넣을 수 있어요. 자료를 여러 쌍 넣을 때에는 쉼표(,)로 구분합니다. 물론 그냥 빈 중괄호만 써서 빈 딕셔너리를 만들 수도 있어요.

기본형	`{key1:value1, key2:value2, …}`

예시	`my_dict1 = {}  # 빈 딕셔너리`
	`my_dict2 = {'hometown':'Seoul'}  # 한 쌍의 자료`
	`person = {'name':'Alice', 'age':10}  # 여러 쌍의 자료`

딕셔너리의 기본형을 보면 중괄호 안에 콜론(:)과 양 옆의 두 요소로 이루어진 자료 한 쌍이 있습니다. 이 두 요소를 각각 Key와 Value라고 해요. 콜론(:)을 기준으로 왼쪽이 Key, 오른쪽이 Value예요.

① Key — 열쇠처럼 자료를 꺼낼 수 있는 도구

콜론(:)을 기준으로 왼쪽에 있는 Key는 딕셔너리에서 열쇠에 해당해요.

Key를 이용해 딕셔너리의 자료를 꺼내거나 추가, 삭제할 수 있어요.

```
person = {'name':'Alice', 'age':10}
```

② Value — 딕셔너리에서 Key로 꺼낼 수 있는 자료

콜론(:)을 기준으로 오른쪽에 있는 Value는 Key로 꺼낼 수 있는 자료의 값입니다. '값'을 뜻하는 영어 value에서 이름을 따왔죠.

```
person = {'name':'Alice', 'age':10}
```

Key와 Value를 구분했으니, 이제 딕셔너리 자료를 어떻게 다루는지 알아볼까요?

딕셔너리의 자료 꺼내기

딕셔너리의 가장 큰 특징은 Key를 알면 Value를 알 수 있다는 거예요.

예를 들어 딕셔너리에 'name'이라는 Key가 있다는 걸 알면, 'name'의 Value인 'Alice'를 가져올 수 있어요. 마찬가지로 'age'를 알면 값 10을 가져올 수 있습니다. 마치 열쇠로 자물쇠를 여는 것과 비슷하지요.

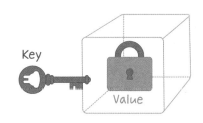

```
person = {'name':'Alice', 'age':10}   # 여러 쌍의 자료
```

딕셔너리에서 자료를 꺼내는 방법은 02-6절에서 배운 인덱싱과 비슷해요.

기본형   딕셔너리[Key] # Key의 짝꿍 Value를 가져옵니다

딕셔너리 이름을 쓰고 대괄호[] 안에 **Key**를 적으면 짝꿍인 **Value**를 가져옵니다.

예시

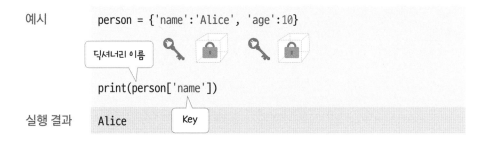

```
person = {'name':'Alice', 'age':10}
```

```
print(person['name'])
```

실행 결과   Alice

즉, person['name']이라고 적으면 'name'에 해당하는 값 'Alice'를 가져옵니다.

 돌발 퀴즈! | 위 예시에서 print(person['age'])를 실행하면 어떤 값이 출력될까요?

정답 10

딕셔너리에 자료 추가하기

딕셔너리에 자료를 추가할 수도 있습니다.

기본형   딕셔너리[Key] = Value

대괄호[] 안에 추가할 자료의 Key를 적은 후 등호(=) 뒤에 해당 Key와 짝꿍을
이루어 추가할 Value를 넣으면 딕셔너리의 마지막 자료로 추가됩니다.

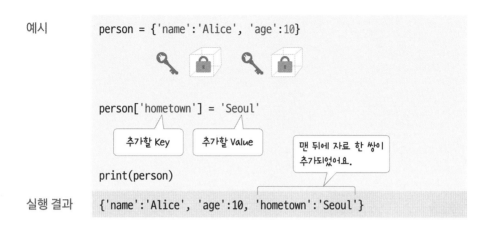

예시

```
person = {'name':'Alice', 'age':10}



person['hometown'] = 'Seoul'
        추가할 Key      추가할 Value        맨 뒤에 자료 한 쌍이
                                          추가되었어요.
print(person)
```

실행 결과   `{'name':'Alice', 'age':10, 'hometown':'Seoul'}`

코드와 실행 결과를 보세요. 자료가 두 쌍이었던 **person** 딕셔너리의 맨 끝에
'hometown'과 **'Seoul'**이 짝꿍이 되어 추가되었습니다.

딕셔너리의 자료 삭제하기

딕셔너리의 자료를 삭제할 수도 있습니다. 삭제할 땐 **del**이라는 함수를 사용
해요. del은 '삭제하다'를 뜻하는 영어 delete의 줄임말입니다.

기본형   del 딕셔너리[Key]

먼저 **del**을 적은 후 한 칸 띄고 딕셔너리 이름과 함께 대괄호[] 안에 삭제할
Key를 적으면 짝을 이루는 Value가 함께 삭제됩니다.

예시	`person = {'name':'Alice', 'age':10, 'hometown':'Seoul'}`

```
del person['name']    'name'과 짝꿍 'Alice'를 함께 삭제해요.
print(person)
```

실행 결과	`{'age':10, 'hometown':'Seoul'}`

딕셔너리 person의 `'name'` 자료를 지웠습니다. 출력하면 `'name'`에 해당하는 Key와 Value가 삭제된 딕셔너리를 확인할 수 있어요.

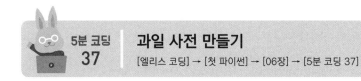

5분 코딩 37

과일 사전 만들기

[엘리스 코딩] → [첫 파이썬] → [06장] → [5분 코딩 37]

과일 이름의 영한사전을 만들면서 딕셔너리 자료형을 연습해 보세요.

실습	코딩해 보세요!	정답 263쪽

```
01    # '사과'와 'apple', '바나나'와 'banana', '당근'과 'carrot'을 짝을
         지어 넣어 주세요
02    my_dict =                  딕셔너리 자료형으로 만들어요.
03
04    # 사과를 영어로 뭐라고 하는지 my_dict에서 찾아 저장해요
05    my_var =                   Key로 Value를 알아내요.
06
07    # 당근은 싫어요! my_dict에서 당근-carrot을 찾아 삭제하세요
08    del
09
10    # 체리는 좋아요! my_dict에 체리-cherry를 추가해요
11    my_dict['체리'] =
```

딕셔너리의 Key는 변할 수 없다

딕셔너리의 가장 중요한 특징! Key는 변하지 않는 자료형이어야 합니다. 열쇠 모양이 자꾸 바뀌면 자물쇠를 열 수 없겠죠? 딕셔너리에서도 마찬가지예요. 자료형 중에서 원소를 자유자재로 수정, 추가, 삭제할 수 있는 리스트는 Key 로 사용할 수 없답니다.

리스트를 Key로 사용할 경우

```
my_dict1 = {[1, 2, 3]:'Number'}
print(my_dict1)
```

실행 결과

```
오류 발생!
```

튜플을 Key로 사용할 경우

```
my_dict2 = {(1, 2, 3):'Number'}
print(my_dict2)
```

실행 결과

```
{(1, 2, 3):'Number'}
```

Key로 [1, 2, 3]이라는 리스트 자료를 사용했더니 오류가 발생하는군요. 하지만 값을 바꿀 수 없는 자료형인 **튜플**로 입력하면 오류가 발생하지 않습니다. 리스트는 원소를 자유자재로 바꿀 수 있는 자료형, 튜플은 바꿀 수 없는 자료형이니까요. 따라서 원소가 여러 개인 자료를 Key로 사용하고 싶다면 튜플을 사용하세요.

또한 딕셔너리에서는 Key가 두 개 이상 같아도 안 됩니다. Key가 같은 Value 가 두 개 이상 있으면 Value는 그중에서 하나만 저장되기 때문이에요.

예시

```
my_dict = {1:'One', 1:'Yi'}   # Value는 한 개만 저장돼요
print(my_dict)
```

실행 결과

```
{1:'Yi'}
```

딕셔너리의 Key

리스트는 딕셔너리의 Key로 사용할 수 없지만 튜플은 가능하죠. 정말 그럴까요? 다음 실습을 따라 해 보면서 Key가 리스트일 때와 튜플일 때 어떤 결과가 나오는지 확인해 보세요.

실습	코딩해 보세요!	정답 263쪽

```
01   my_dict = {1:'숫자형', 'a':'문자열'}
02
03   # my_dict에 다음 짝꿍을 추가하고 <실행>을 클릭해 보세요
04   # [1, 2, 3] → '리스트'
05                        ◁ Key가 리스트일 때!
06   # 05번 줄에 작성한 코드를 지우세요
07
08   # 이번엔 다음 짝꿍을 추가하고 <실행>을 클릭해 보세요
09   # (1, 2, 3) → '튜플'
10                        ◁ Key가 튜플일 때!
11   # 어떤 결과가 나오나요?
```

05번 줄에 Key가 리스트인 짝꿍을 추가했을 땐 오류가 발생하는 반면, 10번 줄에서 Key가 튜플인 짝꿍을 추가했을 땐 정상으로 실행되었지요? 이처럼 리스트는 딕셔너리의 Key로 사용할 수 없답니다.

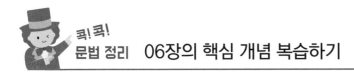
❶ 리스트에서 특정 인덱스에 해당하는 원소를 제거할 수 있는 함수는 ⓟ ◯ ◯ ◯ () 이야.

❷ ◯ ◯ ◯ 은 함수를 사용하려고 불러낸 위치에 결괏값을 돌려준다는 뜻이지.

❸ 시퀀스의 전체 길이는 len() 함수로 구하고, 시퀀스 안에서 특정 자료의 개수만 알고 싶을 땐 ⓒ ◯ ◯ ◯ ⓣ ◯ () 를 사용하면 돼. 사탕 봉지 안에 딸기맛 사탕이 몇 개였더라?

❹ 문자열을 리스트로 바꿀 수 있다는 것 아니? ⓢ ◯ ◯ ◯ ◯ ◯ () 을 이용하면 가능해. 문자열을 쪼갠다나 뭐라나!

'I a like a candy'

.split('a')

['I', 'like', 'candy']

❺ 리스트를 문자열로 바꿀 수도 있지. ⓙ ◯ ◯ ◯ ◯ () 으로 리스트의 원소를 모두 모아 문자열로 붙이는 거야.

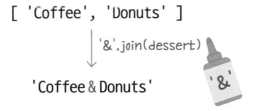

['Coffee', 'Donuts']

'&'.join(dessert)

'Coffee & Donuts'

❻ 리스트처럼 원소 여러 개를 담을 수 있는 자료형으로 ⬤⬤ 이 있어. 리스트와 달리 자료를 수정, 추가, 삭제할 수 없다는 특징이 있지.

❼ 사전처럼 단어와 뜻이 짝을 이루는 자료형을 딕 ⬤⬤⬤ 라고 해. 그리고 열쇠처럼 자료를 꺼낼 수 있는 도구와 자료를 각각 이렇게 불러.

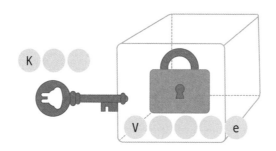

❽ 딕셔너리의 ⬤⬤⬤ 는 변할 수 없다는 특징이 있어. 그래서 앞에서 배운 자료형 중에서 원소를 자유자재로 수정, 추가, 삭제할 수 있는 리스트는 사용할 수 없단다.

하트여왕의 미션 다섯 번째 관문

미션 **01** | 제주 방언 사전 만들기
[엘리스 코딩] → [첫 파이썬] → [06장] → [미션 01]

엘리스 토끼가 제주도로 휴가를 떠났습니다. 제주도에서 만난 감귤 토끼가 반갑게 맞이하는군요. "혼저 옵서!" 엥? 엘리스 토끼가 무슨 뜻인지 몰라 어리둥절하며 대답을 못 하네요. 제주도를 여행하는 사람을 위해 제주 방언 사전을 만들어 보세요.

혼저 옵서!

제주 방언 사전

제주 방언	표준어
혼저 옵서	어서오세요
지꺼지게	즐겁게
놀당 갑서양	놀다 가세요

실습 | 코딩해 보세요!   정답 263쪽

```
01   jeju_word = ['혼저 옵서', '지꺼지게', '놀당 갑서양']
02
03   # Key = 제주 방언, Value = 표준어인 딕셔너리를 만들어 주세요
04   jeju_dict =
05
06   # jeju_word에 담긴 제주 방언의 표준어를 한 줄에 하나씩 출력하는 반복
     문을 완성하세요
07   for i in jeju_word:
08
```

> 제주 방언 사전의 예시를 모두 담아 보세요!

> 딕셔너리의 Key로 Value를 알 수 있어요.

209

코드 꾸러미 만들기
— 함수

이런! 배고팠던 엘리스 토끼가 하트여왕의 당근 파이를 모두 먹어 버렸어요.
하트여왕에게 들키지 않도록 서둘러 당근 파이 12개를
만들어야 하는데, 파이를 만드는 과정이 꽤나 복잡합니다.
요리사 모자를 쓴 함수는 엘리스 토끼의 고민을
뚝딱 해결할 방법을 알고 있나 봐요!
07장에서는 '파이 만들기'처럼 특정 기능을 실행하는
함수를 배워 봅시다.

- 함수가 무엇인지 설명할 수 있어요.
- 자주 쓰는 내장 함수를 기억하고 사용할 수 있어요.
- 함수를 직접 만들어 사용할 수 있어요.

이 장의
목표

코딩 단어장   함수, 내장 함수, 사용자 정의 함수, 전역 변수, 지역 변수,
메서드, 모듈

07-1

프로그램의 기본 틀

마지막 07장에 도착한 여러분, 환영합니다. 함수를 배우기 전에 지금까지 배운 내용을 한번 정리해 볼까요?

입력 → 작업 → 출력

01-3절에서 배웠던 '프로그램'을 다시 떠올려 봐요. 프로그램이란 '컴퓨터에게 어떤 작업을 시키려고 만든 코드의 모음'이에요. 따라서 프로그램에는 만

든 목적에 따라 여러 가지 일(작업)을 할 수 있는 기능이 들어 있지요. 계산기 프로그램은 수식을 계산해서 보여 주고, 동영상 재생 프로그램은 소리와 함께 동영상을 출력해 화면에 나타냅니다.

이러한 프로그램을 만드는 전체 과정을 **프로그래밍**이라고 해요. 컴퓨터에 정보를 **입력**하면 컴퓨터가 그에 따라 작업한 후 결과를 컴퓨터가 **출력**하는 것이 바로 프로그램의 기본 틀입니다.

조건문, 반복문 등 지금까지 배운 다양한 명령과 input(), print() 등의 함수는 모두 프로그램을 이루는 기본 코드예요. 이 코드를 조합하여 프로그램을 만들 수 있답니다.

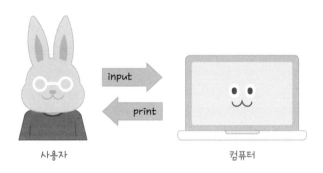

프로그램의 기본 틀

07-2

함수가 뭐예요?

프로그래밍을 하다 보면 자주 사용하는 명령이나 작업이 많이 생깁니다. 만약 어떤 기능을 실행하는 코드를 자주 사용해야 한다면 여러분은 어떻게 할 건가요? 매번 긴 코드를 일일이 입력해야 한다면 정말 귀찮겠죠?

파이썬에는 간편한 방법이 있답니다. 바로 **함수**를 사용하는 거예요. 함수는 **특정 기능을 실행하는 코드 또는 코드의 모임**이에요. 특정 기능을 하는 코드를 하나로 묶어 언제든 필요할 때마다 가져다 쓸 수 있도록 만든 것이지요. 함수를 사용하면 명령 코드를 일일이 입력할 필요 없이 "print() 함수를 사용해!" 와 같이 한 줄만 쓰면 된답니다.

엘리스 토끼가 좋아하는 '라면 만들기'로 함수를 이해해 볼까요?

'라면 만들기' 함수

| 냄비에 물을 넣는다. | 물을 끓인다. | 면과 스프를 넣는다. | 그릇에 담아 완성! |

라면을 만드는 과정이 함수 안에 적혀 있네요. 냄비에 물 500cc를 담고, 물을 끓이고, 물이 끓으면 면과 스프를 넣어 2분간 더 끓이다가 그릇에 담아 완성합니다.

만약 이러한 '라면 만들기'라는 함수가 있다면, 라면을 아주 간단하게 만들 수 있습니다. '라면 만들기' 함수를 불러와서 투입구에 물, 면, 스프를 넣기만 하면 라면이 뚝딱 완성되어 나오니까요. 번거롭게 냄비에 물과 재료를 넣고, 몇 분간 끓이고, 그릇에 담기까지 모든 코드를 일일이 작성하지 않아도 된답니다.

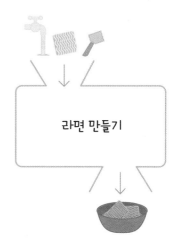

함수의 구조

여러분은 알아차리지 못했겠지만, 사실 우리는 이미 함수에 익숙합니다. 앞에서 배웠던 print(), input(), int(), len()이 모두 함수니까요. 지금까지 사용한 함수를 복습하면서 함수의 구조를 이해해 봅시다.

함수	기능
len()	자료를 넣으면 그 자료의 길이를 알려 줍니다
int()	자료를 넣으면 정수형으로 변환해서 알려 줍니다
str()	자료를 넣으면 문자열로 변환해서 알려 줍니다

세 함수 len(), int(), str()의 기능 설명에 공통으로 들어 있는 특징을 찾았나요? 맞아요! '자료를 넣으면' 뭔가를 '알려 줍니다'. '라면 만들기' 함수에서 물, 면, 스프를 넣으면 완성된 라면이 나온 것처럼요.

한마디로 말해 **함수**는 파이썬을 통해 어떤 입력을 받아서 특정 명령을 실행하고, 그 결과를 알려주는 역할을 합니다.

그럼 파이썬에 어떤 함수가 있는지 더 자세히 알아봅시다.

07-3

함수는 어떤 종류가 있나요?

파이썬의 함수에는 크게 두 종류가 있습니다. 바로 파이썬 내부에 이미 만들어 져 있는 함수와 사용자가 새롭게 만든 함수이지요. 각각 **내장 함수**와 **사용자 정의 함수**라고 해요. 두 함수는 어떻게 생겼고 어떤 차이가 있는지 알아봅시다.

파이썬에 저장된 함수 — 내장 함수

내장 함수란 파이썬 내부에 저장되어 있는 함수를 말합니다. 앞에서 자주 사용한 print(), input(), len()이 바로 내장 함수예요. 이미 파이썬 안에 저장되어 있어서 가져다 쓰면 되니까 매우 편리합니다.

```
input()   # 입력                sum()   # 시퀀스 자료의 합 확인
print()   # 출력                len()   # 시퀀스 자료의 길이 확인
max()     # 최댓값 찾기          int()   # 정수로 형 변환
min()     # 최솟값 찾기          str()   # 문자열로 형 변환
```

자주 사용하는 내장 함수를 알아봅시다.

① input()과 print()

input()은 **사용자로부터 자료를 입력**받는 함수, print()는 **자료를 화면에 출력**하는 함수입니다. 지금까지 실습하면서 많이 사용해서 익숙하지요? input() 함수로 입력받은 자료는 뭐든지 문자열로 인식한다는 특징도 잊지 마세요.

예시 1
```
a = input()  # 입력
print(a)  # 출력
```

② max()와 min()

max()와 min()은 각각 **시퀀스 자료의 최댓값과 최솟값을 구하는 함수**입니다. max는 최댓값을 뜻하는 maximum의 줄임말이고, min은 최솟값을 뜻하는 minimum의 줄임말이에요. 각 함수의 소괄호 안에 시퀀스를 적으면, max() 함수는 시퀀스 자료의 원소 중 가장 큰 값을, min() 함수는 가장 작은 값을 돌려줍니다.

최댓값, 최솟값이라고 하면 숫자형 자료가 떠오르지요? 그런데 신기하게도 max()와 min() 함수는 원소의 크기를 비교할 수 있는 모든 시퀀스 자료형의 최댓값, 최솟값을 구해 줍니다. 다음 예시 2를 보세요. 문자열 자료는 사전순으로 정렬했을 때 뒤에 있을수록 큰 값입니다.

예시 2
```
print(min('pear'))  # 문자열 'pear'의 원소 중 사전순으로 정렬했을
                    # 때 가장 먼저 나오는 'a' 출력
```
실행 결과
```
'a'
```

예시 3	`print(max((1, 2, 3)))  # 튜플 1, 2, 3의 원소 중 최댓값인 3 출력`
실행 결과	3

예시 4	`print(max(['나', '그리고', '우리'])` # 리스트의 원소가 문자열이므로 사전순 정렬로 판단. 원소를 사전순으로 정렬했을 때 가장 나중에 나오는 '우리' 출력
실행 결과	'우리'

5분 코딩 39 | **호박 고르기**
[엘리스 코딩] → [첫 파이썬] → [07장] → [5분 코딩 39]

호박 밭에 호박이 널려 있습니다. 가장 큰 호박을 골라서 호박죽을 쑤고, 가장 작은 호박으로는 호박볶음을 해 먹으려고 해요. 변수 pumpkin에 튜플 자료형으로 호박 다섯 개가 담겨 있어요. 가장 큰 호박과 가장 작은 호박을 구해 보세요.

실습	코딩해 보세요!	정답 264쪽

```
01   # 호박 다섯 개가 튜플 자료형으로 들어 있어요          튜플은 06-2절에서
02   pumpkin = (1, 5, 2, 3, 6)                          배웠어요.
03
04   # 가장 큰 호박을 골라서 변수에 저장하세요
05   big =                                              숫자를 직접 적지 말고 함수를
06                                                      이용해 저장하세요.
07   # 가장 작은 호박을 골라서 변수에 저장하세요
08   small =
```

③ sum()과 len()

sum()은 숫자 원소로 이루어진 **시퀀스 자료의 합**을 구하는 함수입니다.
len()은 **시퀀스 자료의 길이**, 즉 원소의 개수를 구하는 함수입니다.

예시 5
```
print(sum((1, 2, 3, 4, 5)))  # 시퀀스 자료의 합인 15 출력
print(len('Triangle'))  # 시퀀스 자료의 길이인 8 출력
```

실행 결과
```
15
8
```

5분 코딩 40 | **시퀀스의 합과 길이 구하기**
[엘리스 코딩] → [첫 파이썬] → [07장] → [5분 코딩 40]

시퀀스의 합과 길이를 쉽게 구하는 방법을 익혀 봅시다.

실습	코딩해 보세요!	정답 264쪽

```
01  # 숫자 다섯 개가 리스트에 담겨 있어요
02  my_list = [1, 2, 3, 4, 5]
03
04  # my_list의 합을 넣어 보세요
05  var1 =
06
07  # my_list의 길이를 넣어 보세요
08  var2 =
09
10  # my_list 원소들의 평균을 넣어 보세요
11  var3 =
```

> 평균은 '자료의 합'을 '자료의 길이'로 나누어 구합니다.

내 마음대로 내가 만든 함수 — 사용자 정의 함수

내장 함수는 참 편리하지만, 파이썬에 우리가 원하는 작업을 할 수 있는 함수가 모두 들어 있지는 않겠죠? 그렇다면 함수를 직접 만들어 사용하면 됩니다. 이를 **사용자 정의 함수**라고 해요. 내가 만들고 내가 이름 붙인 나만의 함수이지요.

기본형	```def 함수 이름(매개변수): # 매개변수가 없을 경우 생략```
	``` <실행할 명령>```
	``` ···```
	``` return 반환값 # 반환하지 않을 경우 생략```
예시	```def my_func(a, b):```
	``` c = 2 * (a + b)```
	``` return c```
	```print(my_func(3, 4)) # 2 * (3 + 4) = 14```
실행 결과	14

예시에서 정의한 함수는 입력받은 두 값을 더하고 2를 곱하여 반환합니다. 코드의 모양이 낯설어서 어려워 보이겠지만 알고 보면 단순한 구조랍니다.

사용자 정의 함수를 어떻게 만드는지 알아볼까요?

① def 키워드로 시작

def는 '정의하다'를 뜻하는 define의 줄임말입니다. def는 함수의 틀을 만들어 준다는 의미로 이해할 수 있어요. def를 입력하고 한 칸을 띄운 후 함수 이름을 적으면 함수의 틀이 생깁니다.

```
def my_func
```

② 함수 안에 값 전달

만약 함수 안에서 변수를 사용해야 한다면 함수 이름 옆에 소괄호를 붙이고 변수 이름을 적습니다. 이때 소괄호 안의 변수를 **매개변수**라고 해요. 매개변수는 값을 함수 안으로 전달하는 역할을 해요.

```
def my_func(a, b):
        매개변수
```

매개변수는 있어도 되고 없어도 되므로 소괄호를 비워 둘 수도 있습니다. 매개변수를 여러 개 사용할 때는 쉼표(,)로 구분해서 나열합니다. 모두 적은 후에는 끝에 콜론(:)을 붙인다는 것, 잊지 마세요.

③ 줄 바꾸고 들여쓰기를 한 후 명령 입력

Enter 를 눌러 줄을 바꾸고 Tab 이나 Spacebar 를 사용해 들여쓰기를 한 후에 함수가 실행할 명령을 적어 줍니다. 이 명령이 곧 함수가 하는 일, 즉 함수의 기능이 됩니다.

```
def my_func(a, b):
    c = 2 * (a + b)
```

④ return으로 돌려주기

만약 함수 안에서 만들어진 결괏값을 함수 밖에 알려 주고 싶다면 return 키워드와 함께 반환할 값을 적어 줘야 해요. 명령을 다 적은 후 마지막으로 (Enter)를 눌러 줄을 바꾸고 똑같이 들여쓰기를 한 상태에서 return과 반환값을 적으면 됩니다.

```python
def my_func(a, b):
    c = 2 * (a + b)
    return c
```

return은 단어 뜻 그대로 '돌려주는' 역할을 합니다. 함수의 명령을 거친 후의 어떤 값을 함수 밖으로 전해 주죠. 함수 밖에서는 함수 안에서 어떤 일이 일어나는지 알 수가 없기 때문이에요. 따라서 함수를 통과하고 난 어떤 값을 함수 밖에서도 알려면 return 키워드를 사용하여 반환값을 밖으로 돌려줘야 한답니다.

반환값이 없을 경우

```python
def my_func(a, b):
    c = 2 * (a + b)
```

반환값이 있을 경우

```python
def my_func(a, b):
    c = 2 * (a + b)
    return c
```

이와 같이 반환값은 있을 수도 있고 없을 수도 있어요.

 한 걸음 더! **사용자 정의 함수 만들 때 주의할 점**

사용자 정의 함수는 def 키워드로 시작해 함수의 이름도, 명령도 내 마음대로 정하고 만드는 함수라는 것을 이제 알겠지요? 사용자 정의 함수를 작성할 때에는 다음과 같은 점을 주의하세요.

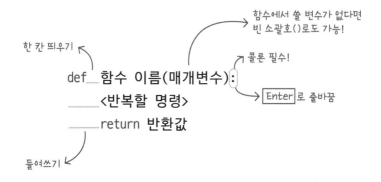

❶ 첫 줄 끝에는 **콜론(:)**을 꼭 붙여요.
❷ 명령을 쓸 때는 꼭 **들여쓰기**를 하세요.
❸ 함수 밖으로 값을 전달해 줄 때는 return과 함께 반환값을 적어 주세요.

사용자 정의 함수 사용하기

지금까지 사용자 정의 함수를 어떻게 만드는지 배웠어요. 그럼 사용하는 방법도 알아야겠죠? 사용자 정의 함수를 사용하려면 먼저 그 함수가 어떤 기능을 하는지, 그리고 어떤 값을 입력해야 하는지 알아야 합니다.

사용할 함수의 기능과 필요한 값을 알았나요? 그럼 내장 함수를 사용하던 것처럼 사용자 정의 함수 이름을 적은 후 이어서 소괄호 안에 값을 입력하고 실행하면 됩니다.

기본형   함수 이름(인자1, 인자2, ..., 인자n) # 매개변수 없는 함수는 인자 생략

이때 소괄호 안에 입력하여 함수 내부로 전달하는 값을 **인자**라고 해요. 함수 내부로 값을 전달하는 변수가 '매개변수'였다면, '인자'란 매개변수에 저장되는 실제 값을 의미합니다.

매개변수와 인자라는 용어가 헷갈린다면 기억하려고 애쓰지 않아도 돼요. 다음 예시에서 함수를 만들고 사용하는 방법만 잘 익혀 두세요.

예시
```
# 함수를 정의할 때
def my_func(a, b):  # a, b는 매개변수
    c = 2 * (a + b)
    return c

# 함수를 사용할 때
my_func(3, 4)  # 3, 4는 인자
```

함수를 정의할 때

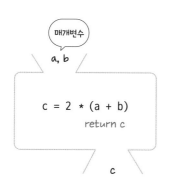

함수를 사용할 때

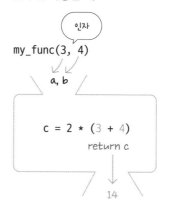

```
print(my_func(3, 4))  # 14 출력
```

225

함수는 어떤 종류가 있는지, 또한 어떻게 사용하는지 잘 알았나요? 이렇듯 함수 이름과 매개변수의 종류, 개수 등 함수 사용법을 이해해야 사용자 정의 함수를 만들어 쓸 수 있답니다.

 한 걸음 더! 함수의 사용법이 궁금하다면 help()

함수마다 사용하는 방법이 다른데 모두 외우고 있어야 할까요? 수많은 함수 사용법을 언제 다 외우죠? 걱정하지 마세요. 함수 사용법을 알려 주는 함수가 있으니까요. 바로 내장 함수인 help() 함수가 도와준답니다. help() 함수의 소괄호 안에 사용법이 궁금한 함수의 이름을 적은 후 실행하면, 그 함수를 사용할 때 필요한 매개변수를 포함하여 사용법을 자세히 알려 줍니다.

```
help(len)   # len() 함수 사용법을 알려 줘요
```

 5분 코딩 41 봉주~르! 프랑스어로 인사하기
[엘리스 코딩] → [첫 파이썬] → [07장] → [5분 코딩 41]

엘리스 토끼가 프랑스 여행을 하려고 합니다. 인사말 정도는 알고 가야겠죠? '안녕하세요'는 프랑스어로 '봉주~르!'예요. 혹시 까먹을지도 모르니 실행하면 프랑스어 인사말이 나오는 함수를 다음 조건에 맞추어 만들어 보세요.

함수의 조건
· 함수 이름은 greeting이라고 지어요.
· 매개변수를 사용하지 않아요.
· 함수를 실행하면 'bonjour'를 출력해요.
· 반환값은 없어요.

실습 | 코딩해 보세요! 정답 264쪽

```
01   # 조건에 맞게 사용자 정의 함수를 만들어 보세요
02   def
03
04
05   # 함수를 사용해 프랑스어로 인사해 보세요
06
```

> greeting()이라고 쓰면 돼요

5분 코딩 42 | 나만의 별 찍기 함수 만들기
[엘리스 코딩] → [첫 파이썬] → [07장] → [5분 코딩 42]

밤하늘에 빛나는 나만의 별자리를 만들어 보세요. 별을 원하는 개수만큼 찍어 1층짜리 별자리를 결괏값으로 반환하는 함수를 직접 만들어 보세요.

함수의 조건

· 함수 이름은 my_star라고 지어요.

· 매개변수로 a를 사용해요.

· 함수를 실행하면 '*'과 a를 곱하고 그 값을 반환해요.

  예 a가 7일 때 실행 결과: *******

실습 | 코딩해 보세요! 정답 264쪽

```
01   # 조건에 맞게 사용자 정의 함수를 만들어 보세요
02   def
03
04
05   # 함수를 사용해 1층짜리 별자리를 출력해 보세요
06
```

> 반환할 때는 return 키워드를 사용해요.

> 함수의 인자로 원하는 숫자를 입력해 보세요.

07-4

위치에 따라 달라지는
변수의 사용 범위

함수와 변수

07-3절에서 배웠듯이 함수 안에서 일어나는 일은 함수 밖에서 알 수 없습니다. 이는 곧 함수 안에서 정의한 변수는 함수 밖에서 사용할 수 없다는 의미이기도 해요. 어디서든 사용할 수 있는 변수를 만들고 싶다면 함수 밖에서 정의해야 한답니다. 다음 그림을 보세요.

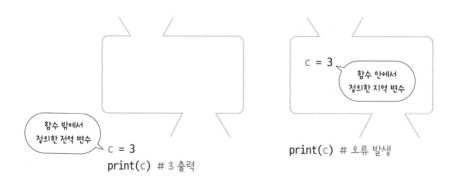

왼쪽 그림에서는 변수 c를 함수 밖에서 정의했고, 오른쪽 그림에서는 함수 안에서 정의했습니다. print(c)로 변수 c를 출력해 보면 왼쪽은 결과가 3으로 나오지만, 오른쪽은 오류가 발생합니다. 함수 안에서 정의한 변수 c는 함수 밖에서 사용할 수 없기 때문이에요.

이와 같이 함수 밖에서 정의한 변수는 **전역 변수**, 함수 안에서 정의한 변수는 **지역 변수**라고 합니다. 실제 코드로 전역 변수와 지역 변수를 구분해 볼까요?

어디서든 사용 — 전역 변수

전역 변수는 어디서든 사용할 수 있습니다. '전 지역에서 사용할 수 있어서 **전역 변수!**' 이렇게 기억하세요.

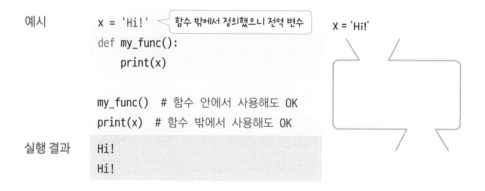

예시
```
x = 'Hi!'        함수 밖에서 정의했으니 전역 변수
def my_func():
    print(x)


my_func()  # 함수 안에서 사용해도 OK
print(x)   # 함수 밖에서 사용해도 OK
```
실행 결과
```
Hi!
Hi!
```

예시에서 변수 x는 전역 변수일까요, 아닐까요?

맞아요! 함수 밖에서 정의한 변수이니 전역 변수가 맞습니다. 이러한 변수는 어디에서나 자유롭게 가져다가 사용할 수가 있어요. 전역 변수 x를 가져다가 출력해 보면, 함수 my_func 안에서도 'Hi!'라고 출력되고, 함수 밖에서도 마찬가지로 잘 출력됩니다. 한마디로 말해 전역 변수는 함수 안팎 어디에서든 사용할 수 있답니다.

특정 범위 안에서만 사용 ─ 지역 변수

함수 안에서 정의한 지역 변수는 변수를 정의한 범위 내에서만 사용할 수 있습니다. 따라서 지역 변수는 그 함수 안에서만 효력을 발휘해요. '특정 지역에서만 쓸 수 있어 **지역 변수!**' 이렇게 기억하면 쉬워요.

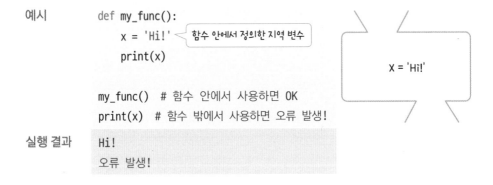

예시
```
def my_func():
    x = 'Hi!'    ← 함수 안에서 정의한 지역 변수
    print(x)

my_func()  # 함수 안에서 사용하면 OK
print(x)   # 함수 밖에서 사용하면 오류 발생!
```

                        X = 'Hi!'

실행 결과
```
Hi!
오류 발생!
```

변수 x의 위치를 잘 보세요. 함수 my_func 안에서 정의되었네요. 따라서 변수 x는 지역 변수이므로 함수 밖에서는 사용할 수 없답니다. 정말 그런지 볼까요?

my_func() 함수를 실행하면 함수의 명령 print(x)가 실행되어 'Hi!'라고 제대로 출력됩니다. 하지만 함수 밖에서 print(x)로 변수 x를 출력하면 오류가 발생합니다. 함수 안에서 지정한 변수 x는 함수 안에서만 사용할 수 있기 때문이에요. 이렇듯 특정 구문에서만 사용할 수 있는 변수를 지역 변수라고 합니다.

사투리 번역기 만들기

[엘리스 코딩] → [첫 파이썬] → [07장] → [5분 코딩 43]

서울에서 '밥 먹었니?'라고 인사할 때 부산에서는 뭐라 할까요? '밥 뭇나?'라고 합니다. 서울 인사말은 전역 변수로, 부산 인사말은 지역 변수로 비유하면 이해하기 쉽습니다. 전역 변수와 지역 변수를 연습하면서 코드를 완성해 보세요.

실습	코딩해 보세요!	정답 264쪽

```
01  # 문자열 '밥 먹었니?'를 담아 보세요
02  greeting =                          여기서 선언한 greeting은
03                                      전역 변수입니다.

04  # 서울 인사말을 출력하면 다음과 같습니다
05  print('서울:', greeting)
06

07  # 함수 busan() 안에 '밥 뭇나?'가 담긴 변수 greeting을 넣어 보세요
08  def busan():      함수 busan()의 매개변수는 없습니다.

09                                 여기서 선언한 greeting은 지역 변수입니다.

10      print('부산:', greeting)
11

12  # 함수 busan()을 실행해 보세요
13  busan()
14  # 변수 greeting을 출력해 보세요
15  print(greeting)
```

15번 줄의 실행 결과는 어떻게 나왔나요? 02번 줄에서 선언한 **'밥 먹었니?'**가 나왔지요? 그 이유는 02번 줄에서 선언한 greeting은 전역 변수, 09번 줄에서 선언한 greeting은 지역 변수이기 때문입니다. 지역 변수는 함수 안에만 존재하므로 함수 밖인 15번 줄에서 greeting을 출력하면, 함수 안에서 정의한 **'밥 뭇나?'**와는 상관없이 전역 변수에 담긴 **'밥 먹었니?'**가 출력되는 것이지요.

07-5

자료 뒤에 붙여 쓰는 함수
— 메서드

지금까지 파이썬에서 자주 쓰는 함수를 살펴봤습니다. 그런데 혹시 이상한 점을 눈치채지 못했나요? 같은 함수인데 어떤 함수는 len(자료)와 같이 사용하지만 어떤 함수는 **자료.count()**와 같이 자료 뒤에 점(.)을 찍어서 사용합니다. 뭐가 다른 걸까요?

함수 특정 기능을 실행하는 코드로, 매개변수를 이용하여 자료를 함수 내부로 전달합니다.	메서드 특정 자료가 자기만 사용할 수 있게 만들어 둔 전용 함수! 자료 뒤에 점(.)을 찍어 사용합니다.

`my_list = [1, 2, 3]`
 	
`print(my_list)`
`len(my_list)`
`sum(my_list)`
`min(my_list)`
	`my_list = [1, 2, 3]`
	
	`my_list.append(4)`
	`my_list.remove(3)`
	`my_list.pop(0)`
	`my_list.sort()`

왼쪽은 우리가 알고 있는 **함수**function이고, 오른쪽은 **메서드**method입니다. 함수이긴 함수인데 특정 자료만 사용할 수 있게 만들어 둔 전용 함수를 메서드라고 해요. 메서드는 자료 뒤에 점(.)을 찍어서 사용하는데, 이 점 앞에 있는 자료를 자동으로 인자로 받아서 사용한다는 특징이 있어요.

메서드를 정확하게 이해하려면 '객체'라는 심화된 개념을 알아야 합니다. 객체는 조금 어려운 내용이라 우리 책에서는 다루지 않습니다. 지금은 어떤 함수가 함수 형태로 쓰이는지 아니면 메서드로 쓰이는지만 구분해서 기억해 두세요.

5분 코딩 44 | **코딩 대회 성적 관리하기**
[엘리스 코딩] → [첫 파이썬] → [07장] → [5분 코딩 44]

동물 친구들이 코딩 대회에 참가했습니다. 메서드를 사용하여 동물 친구들의 코딩 대회 성적을 관리해 봐요.

실습	코딩해 보세요!	정답 264쪽

```
01    # 동물 친구들의 코딩 성적이 제출순으로 기록되었어요
02    score = [55, 58, 60, 45, 100, 95, 70, 88]
03
04    # 잠깐! 거북이가 마지막으로 제출합니다. 90점을 추가하세요
05                                    리스트 맨 뒤에 수가는 .append
06
07    # 여섯 번째로 제출한 두더지는 커닝을 했네요. 기록을 지우세요
08                                    인덱스를 알 때 원소 제거는 .pop
```

07-6

모아 모아 다 모아!
— 모듈

컴퓨터 프로그램을 만들려면 변수와 함수를 포함하여 아주 많은 코드가 필요합니다. 그런데 이 많은 코드를 일일이 다 입력하려면 정말 힘들겠죠? 그래서 프로그램에서 사용할 함수와 변수, 그리고 여러 자료를 미리 모아 놓는 방법이 있습니다. 이것이 바로 **모듈**module이에요.

'라면 레시피' 모듈을 보면서 모듈을 이해해 봅시다.

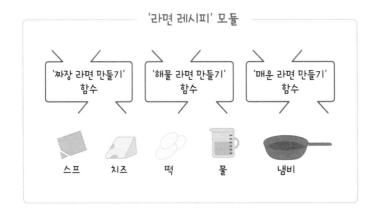

'라면 레시피' 모듈에는 '짜장 라면 만들기' 함수, '해물 라면 만들기' 함수, '매운 라면 만들기' 함수와 같이 **함수**도 들어 있고, 또 이 함수에 집어넣을 스프, 치즈, 떡, 물 같은 **변수**도 들어 있어요. 한마디로 말해 모듈은 다양한 라면을 끓일 수 있는 모든 것이 들어 있다고 할 수 있지요.

이 모듈이 있으면 다양한 라면 요리법을 외울 필요도 없고, 라면 재료도 다 들어 있어서 가져다 사용하기만 하면 되니 아주 편리합니다.

이처럼 특정 목적을 위해 활용할 수 있도록 함수와 자료를 모아 놓은 것을 모듈이라고 합니다.

모듈 불러오기

모듈은 직접 만들어서 사용할 수도 있고, 파이썬 안에 만들어져 있는 모듈을 불러와 사용할 수도 있습니다. 파이썬에 들어 있는 모듈 중에는 '수학'이라는 영어 단어에서 띤 math 모듈과 '무작위로'리는 뜻의 random 모듈이 대표적입니다.

math	수학 연산을 쉽게 할 수 있도록 도와주는 모듈
random	아무 숫자나 선택해 주는 함수가 들어 있는 모듈

파이썬에 있는 모듈을 사용하려면 먼저 불러와야 합니다. '불러오다'라는 영어 단어 import를 쓴 뒤 한 칸 띄고 불러올 모듈의 이름을 적으면 됩니다. 파이썬에게 "이 모듈을 가져와서 사용할게!"라고 알려 주는 것이죠.

기본형   import 불러올 모듈의 이름

예시   import random

random 모듈을
불러오라는 뜻!

이렇게 모듈을 불러온 다음에는 해당 모듈에 포함된 모든 함수와 자료를 자유롭게 사용할 수 있습니다.

모듈 사용하기

모듈을 불러왔으니 이제 어떻게 사용하는지 알아야겠죠? 모듈을 사용하려면 먼저 모듈 안에 어떤 것이 들어 있는지 알아야 합니다. 어떤 함수가 들어 있는지, 그 함수의 기능과 사용법은 무엇인지, 또한 어떤 변수와 자료가 들어 있는지 알아야 합니다. 그래야 원하는 걸 가져와서 사용할 수 있으니까요.

random 모듈에 들어 있는 randrange() 함수를 사용하는 기본형을 보세요.

기본형   `import random` ← 먼저 모듈을 불러와요.

          `random.randrange(a, b)` `# range(a, b) 중 원소 한 개를 아무거나`
`가져옵니다`
          모듈 이름 뒤에 점(.)을 찍고 함수를 사용해요.

먼저 **import**로 모듈을 불러옵니다. 그런 다음 모듈 이름 뒤에 점(.)을 찍고 함수를 가져옵니다. **random** 모듈 안에 있는 **randrange()**는 특정 범위의 숫자 중 아무거나 하나만 뽑아 주는 함수예요. 이 함수는 매개변수 두 개를 입력하여 사용할 수 있어요.

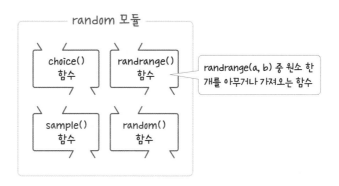

randrange() 함수의 형태를 파악했으니 이제 모듈을 사용할 수 있겠죠?

예시   `import random`

          `print(random.randrange(0, 2))` `# 0 이상 2 미만인 수 중 아무거나`
`한 개 출력`

randrange() 함수의 형태에 맞추어 소괄호 안에 시작 인덱스와 종료 인덱스를 적고, 실행 결과를 확인하기 위해 print() 함수로 출력했어요. randrange() 함수가 시작 인덱스 이상 종료 인덱스 미만인 시퀀스 자료 중에서 아무 값이나 하나를 반환하니, 0 이상 2 미만인 수가 출력되겠죠?

모듈 활용하기

이번에는 math 모듈과 random 모듈의 예시를 살펴보면서 두 모듈을 어떻게 활용할 수 있는지 알아보겠습니다.

① math 모듈

math 모듈에는 여러 가지 함수와 변수가 있습니다. 그중에서 몇 가지를 살펴봐요.

math.pi	3.14로 시작하는 원주율 π(파이)값이 저장된 자료
math.pow(a, b)	a의 b제곱값을 반환하는 함수
math.ceil(숫자형)	소수점 아래 숫자를 올림하여 정수를 반환하는 함수

> pow는 영어 단어 power에서 왔어요. power에는 '거듭제곱'이라는 뜻이 있습니다.

> ceil은 ceiling, 즉 '천장'이라는 단어에서 왔어요. ceil과 반대로 소수점 아래 숫자를 내리는 함수는 floor입니다. 영어로 '바닥'이라는 뜻이죠.

원주율은 원의 둘레를 원의 지름으로 나눈 값입니다. 3.14로 시작해 소수점 아래에 끝도 없이 이어지는 값이 나오지요. 보통 간단하게 3.14를 사용해요.

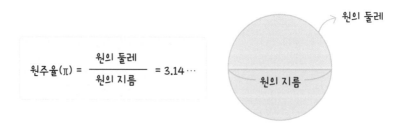

$$원주율(\pi) = \frac{원의\ 둘레}{원의\ 지름} = 3.14\cdots$$

원의 둘레

원의 지름

238

math.pi는 원주율의 소수점 아래 15번째까지 저장된 값입니다. math 모듈을
사용해 간편하게 사용할 수 있지요.

예시

```
import math

print(math.pi)  # math 모듈 안의 자료 pi를 출력합니다
```

실행 결과

```
3.141592653589793
```

math 모듈 안의 자료 pi를 출력했습니다. 원주율 π값이 저장된 것을 확인할
수 있어요.

소수점 아래에 어떤 숫자가 있든 일의 자리로 올리는 수학 개념인 올림도
math 모듈의 ceil 함수를 사용하면 한번에 해결됩니다.

예시

```
import math

print(math.ceil(3.1))  # 3.1을 올림해 4 출력
print(math.ceil(3.9))  # 3.9를 올림해 4 출력
```

실행 결과

```
4
4
```

소수 3.1과 3.9를 math 모듈의 ceil 함수로 올림하여 출력했습니다. ceil 함수는 소수점 아래의 숫자를 무조건 올림하여 정수로 만들어 주므로 결과가 4로 출력됩니다.

② random 모듈

번호 추첨이나 업다운 게임과 같이 숫자를 무작위로 결정해야 할 때 random 모듈을 사용하면 편리합니다. random 모듈의 함수 몇 가지를 살펴볼까요?

random.randrange(a, b)	a 이상 b 미만인 연속된 숫자로 이루어진 시퀀스 중에서 아무거나 한 개를 반환하는 함수
random.choice(seq)	시퀀스(seq)의 원소 중에서 아무거나 한 개를 반환하는 함수
random.sample(seq, i)	시퀀스(seq)의 원소 중에서 아무거나 i개를 반환하는 함수

random.choice() 함수를 사용하면 다음과 같이 ['a', 'e', 'i', 'o', 'u'] 중에서 원소 한 개를 아무거나 반환할 수 있습니다.

예시 1
```
import random

random.choice(['a', 'e', 'i', 'o', 'u'])  # 알파벳의 모음 중에
서 하나 뽑기
```

1에서 45까지의 숫자 중에서 여섯 개를 뽑는 번호 추첨기는 다음과 같이 random.sample() 함수로 만들 수 있죠.

240

예시 2

```
import random

random.sample(range(1, 46), 6)  # 1부터 45까지의 숫자 중에서 아
무거나 여섯 개 뽑기
```

5분 코딩 45 | 더 큰 수 찾기
[엘리스 코딩] → [첫 파이썬] → [07장] → [5분 코딩 45]

오늘은 코딩별 학교의 기말고사 날! 1교시 과목은 수학입니다. 코딩별에서는 수학 문제를 코딩으로 풀어도 된다고 해요. math 모듈을 활용하여 다음 문제를 풀어 보세요.

문제	7의 12제곱과 6의 13제곱 중에서 더 큰 수를 구하세요.
	단, 두 수는 같지 않습니다.

실습 | 코딩해 보세요!   정답 264쪽

```
01  # math 모듈을 불러오세요
02  import              [모듈을 불러올 땐 import]
03
04  # 7의 12제곱과 6의 13제곱 값을 순서대로 저장하세요
05  num1 = math.pow(7, 12)   [math 모듈의 pow()
06  num2 =                    함수를 사용해요.]
07
08  # if 문에 알맞은 조건을 적어 답을 출력하세요
09  if                          [비교 연산자를 사용해
10      print('7의 12제곱이 더 큽니다.')   조건을 적어요.]
11  else:
12      print('6의 13제곱이 더 큽니다.')
```

241

사용자에게 필요한 기능이 들어 있는 모듈을 프로그래밍 언어에 모두 담을 수는 없습니다. 파이썬도 마찬가지입니다. 우리가 원하는 모듈이 파이썬에 없다면 사용자 정의 함수처럼 직접 만들면 됩니다.

우선 모듈은 py라는 확장자 파일로 만들 수 있어요. 동영상 파일은 mp4, 사진 파일은 jpeg로 저장하듯 파이썬 파일은 py라는 파일 형식으로 관리합니다.
예를 들어 my_module.py라는 파이썬 파일을 만들고 이 파일 안에 담고 싶은 함수나 변수를 정의하면 됩니다. 이렇게 만든 모듈 파일이 컴퓨터에 저장되어 있으면 import my_module로 불러와 어디서든지 사용할 수 있습니다.

```
import my_module
```

my_module.py

이렇듯 우리가 자주 쓰는 함수나 변수를 나만의 모듈로 정의해 두면 나중에 코드를 번거롭게 다시 입력할 필요가 없습니다. 모듈을 사용할 수 있다는 것은 파이썬의 강점입니다.

❶ print(), input()처럼 이미 파이썬에 저장되어 있어서 가져다 쓰기만 하면 되는 함수를 ⬤⬤ 함 수 라고 해.

❷ 모든 함수가 다 파이썬에 준비되어 있는 건 아니지. 필요하다면 ⬤⬤⬤ ⬤⬤ 함 수 를 직접 만들 수 있어.

❸ 엘리스 토끼가 파이썬에 들어 있지 않은 plus()라는 함수를 만들었어. 어떤 키워드가 들어가야 할까?

```
⬤⬤⬤ plus(a, b):
    c = a + b
```

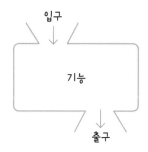

입구 ↓

기능

↓ 출구

❹ 함수 안에서 사용하며, 함수 안으로 값을 전달해 주는 변수를 매 ⬤⬤⬤ 라고 해.

❺ 함수 밖에서는 함수 안에서 어떤 일이 일어나는지 알 수 ⬤ 지 .

❻ 함수 안의 값을 함수 밖으로 전달해 줄 때 이 키워드를 사용해. '반환한다'는 뜻이야.

```
def plus(a, b):
    c = a + b
    r ⬤⬤⬤⬤⬤ c
```

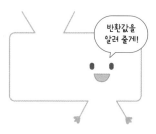

반환값을 알려 줄게!

❼ 변수는 선언한 위치에 따라 두 가지로 나눌 수 있지.

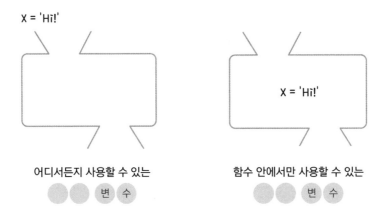

X = 'Hi!'

어디서든지 사용할 수 있는

◯ ◯ 변 수

X = 'Hi!'

함수 안에서만 사용할 수 있는

◯ ◯ 변 수

❽ 미리 만들어 저장해 두었다가 가져다 쓸 수 있는 함수, 자료, 코드의 모음을 ◯ ◯ 이라고 해.

하트여왕의 미션 마지막 관문

엘리스 토끼가 마지막 문 앞에 섰다.

그때 문고리가 입을 씰룩씰룩 움직이더니 말을 했다.

"드디어 왔구나."

"나를 아니?" 토끼가 물었다.

"물론이지! 넌 나를 두드렸잖니!

마지막 문제를 낼게. 하지만 넌 언젠가 나를 다시

만나게 될 거야." 문고리가 말했다.

미션 01 | 최댓값 직접 구하기

[엘리스 코딩] → [첫 파이썬] → [07장] → [미션 01]

코딩별의 max() 함수가 휴가를 떠나서 최댓값을 구하지 못하고 있습니다. 내장 함수를 사용할 수 없다면 함수를 직접 만드는 수밖에 없겠죠? max() 대신 최댓값을 구하는 my_max() 함수를 만들어 보세요. max() 함수의 소중함을 느낄 수 있을 거예요.

함수의 조건

숫자로 된 리스트를 인자로 입력했을 때 최댓값 max_num을 반환하는 함수를 만들어 주세요.

- 함수 이름은 my_max라고 지어요.
- 매개변수로 리스트 nums를 사용해요.
- 리스트 안의 원소 중에서 아무거나 하나를 골라 최댓값 max_num으로 지정해요.
  예 max_num = nums[0]
- for 문을 사용해 리스트 안의 원소 각각을 max_num과 비교합니다.
- 비교할 땐 if 문을 사용해서 비교하는 원소가 더 클 경우 max_num을 해당 원소로 바꿉니다.
- 마지막으로 max_num을 반환합니다.

```
01    # 조건에 맞게 my_max() 함수를 만들어 보세요
02    def
03
04        for i in nums:
05            if
06
07        return
08
09    # 다음 리스트에서 최댓값이 무엇인지 확인해 보세요
10    print(my_max([1, 2, 10, 9, 3, 7, 0, 99, 27, 85]))
```

> 리스트의 원소 하나를
> max_num에 저장하세요.

> max_num과 i를 비교해요.
> i가 크면 max_num에 i를 저장해요.

〈실행〉을 클릭했을 때 my_max() 함수가 최댓값을 제대로 찾아주는지 확인해 보세요.

미션 02 | 네버랜드 놀이 기구 타기
[엘리스 코딩] → [첫 파이썬] → [07장] → [미션 02]

엘리스 토끼가 코딩별의 놀이공원인 네버랜드에 왔습니다. 네버랜드에는 놀이 기구가 정말 많아서 엘리스 토끼는 다음과 같은 순서로 타려고 해요. 놀이 기구의 대기 시간이 담긴 리스트가 인자로 주어졌을 때, 엘리스 토끼가 놀이 기구를 타는 순서로 대기 시간을 정렬하는 neverland() 함수를 만들어 보세요.

놀이 기구 타는 순서
· 대기 시간이 가장 짧은 놀이 기구부터 오름차순으로 탑니다. 대기 시간이 같은 놀이 기구는 없습니다.
· 단, 인덱스 2에 해당하는 놀이 기구는 토끼가 꼭 타고 싶어 하므로 대기 시간에 상관없이 가장 먼저 탑니다.
· 매개변수: 리스트 q
> '줄'을 뜻하는 영어 queue의 앞 글자를 따서 q라고 간단히 쓸게요!
· 반환값: 앞에서 제시한 조건에 맞게 정렬된 리스트

246

```
01   # 조건에 맞게 neverland() 함수를 만들어 보세요
02   def
03
04
05
06       return
07
08   # 대기 시간이 다음과 같을 때 엘리스 토끼가 놀이 기구를 타는 순서를 확
     인해 보세요
09   q = [30, 10, 20, 50, 40, 60]
10   print(neverland(q))
```

> 제거한 원소를 반환해 주는 pop()으로 가장 먼저 탈 놀이 기구를 지정해요.

> 그런 다음 sort()로 정렬하면 되겠죠?

하트여왕의 마지막 미션까지 통과한 엘리스 토끼가
드디어 집으로 돌아가게 되었어요.
"축하해, 엘리스 토끼!"

집으로 돌아간 엘리스 토끼는 '점심 메뉴 추첨기',
'컴퓨터랑 가위바위보 게임하기' 프로그램을 만들어
친구들에게 인기 만점이 되었어요.
어떻게 만들었는지 구경해 볼까요?

[엘리스 코딩] → [첫 파이썬] → [부록] → [부록 01]

점심에 뭘 먹을까? 메뉴 고르기가 귀찮았던 엘리스 토끼가 지금까지 배운 내용을 종합해서 점심 메뉴 추첨기를 만들었습니다. 대단하죠? 여러분도 나만의 점심 메뉴 추첨기를 만들어 보세요.

```python
import random        07-6절에서 배운 random 모듈

def menu():        07-3절에서 배운 사용자 정의 함수
    rice = ['참치김밥', '오므라이스', '제육덮밥', '설렁탕', '된장찌개']
    bread = ['치즈버거', '햄 샌드위치', '머시룸 파니니', '마르게리타 피자']
    etc = ['쌀국수','떡볶이', '훠궈', '파스타', '마라샹궈', '딤섬']

    lunch_menu = input()        03-1절에서 배운 입력의 기본, input()

    if lunch_menu == '밥':        03-5절에서 배운 if ~ elif ~ else 문
        print(random.choice(rice))
    elif lunch_menu == '빵':
        print(random.choice(bread))
    else:
        print(random.choice(etc))

menu()
```

〈실행〉을 클릭한 후 '밥', '빵'과 같이 먹고 싶은 종류를 입력하면 리스트 메뉴 중에서 아무 거나 골라서 알려 줍니다. 오늘은 어떤 걸 먹고 싶나요?

오므라이스	마르게리타 피자	딤섬
'밥'을 입력했을 때	'빵'을 입력했을 때	'밥'과 '빵'이 아닌 것을 입력했을 때

실행 결과

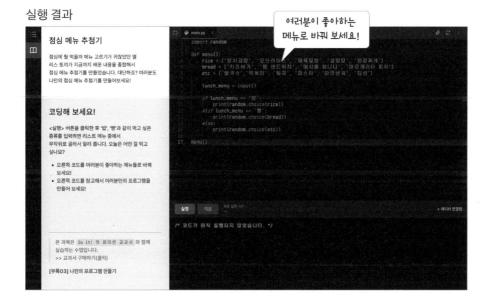

나 혼자 코딩 02   컴퓨터랑 가위바위보 게임하기

[엘리스 코딩] → [첫 파이썬] → [부록] → [부록 02]

엘리스 토끼가 컴퓨터랑 가위바위
보 게임을 하려고 프로그램을 만들
었어요. 여러분도 파이썬을 배웠으
니 이젠 얼마든지 코드를 작성할 수
있겠죠? 엘리스 토끼가 만든 가위
바위보 게임이 잘 실행되는지 코드
를 확인해 봅시다.

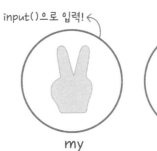

input()으로 입력!

my

random 모듈로
무작위로 추첨!

c

```python
import random

rps_list = ['가위', '바위', '보']
my = input()
c = random.choice(rps_list)

def rps():
    if my == c:
        print('컴퓨터:', c)
        print('비겼습니다.')
    elif my == '가위' and c == '보' or my == '바위' and c == '가위' or my
== '보' and c == '바위':
        print('컴퓨터:', c)
        print('이겼습니다!')
```

03-1절에서 배운 input() 함수

07-6절에서 배운 random 모듈

같은 걸 냈을 때

내(my)가 이겼을 때

```python
    else:
        print('컴퓨터:', c)
        print('졌습니다ㅠㅠ')
```

> 컴퓨터(c)가 이겼을 때

```python
rps()
```

> 가위바위보 시작!

〈실행〉을 클릭했을 때 '가위', '바위', '보' 중에서 하나를 입력하면 컴퓨터도 무작위로 '가위', '바위', '보'를 내서 게임 결과가 나옵니다. 한번 해 볼까요? 가위바위보!

바위
컴퓨터: 보
졌습니다ㅠㅠ

'바위'를 입력했을 때

실행 결과

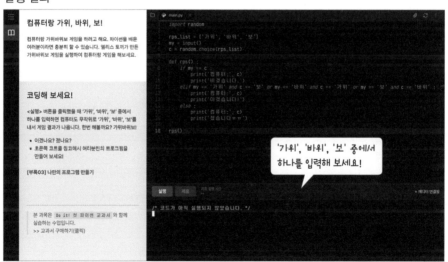

나 혼자 코딩 03 나만의 프로그램 만들기

[엘리스 코딩] → [첫 파이썬] → [부록] → [부록 03]

엘리스 토끼가 '점심 메뉴 추첨기', '컴퓨터랑 가위바위보 게임하기' 프로그램을 만든 것처럼 여러분도 나만의 프로그램을 만들어 보세요! '짝꿍 추첨기'도 좋고 '청소 당번 정하기'도 좋아요! 우리 생활에서 아이디어를 얻을 수 있답니다. 프로그램을 완성한 후에는 선생님, 친구들에게 소개해 봐요.

- 프로그램 이름:
- 만든 이:
- 코드의 뼈대를 그려 보세요.

어떤 자료와 변수가 필요한가요?
사용해야 하는 내장 함수는 무엇인가요?
사용해야 하는 모듈이 있나요?
반복문, 조건문도 활용해 볼까요?
프로그램을 함수로 만들면 언제든 불러와 사용할 수 있어요!

프로그램을 자유롭게
만들어 보세요!

파이썬 이수증 받기

엘리스 토끼와 함께 코딩 여행을 마친 여러분, 모두 축하해요! 여러분을 파이썬 기초 마스터로 임명합니다. 02-1절에서 설명한 것처럼 두 가지 미션을 모두 달성하면 파이썬 기초마스터 이수증을 발급해 드립니다. 미션을 다시 한번 확인하고 엘리스에서 이수증을 받아보세요.

미션 1

PC 또는 모바일 엘리스 앱에서 이 책에 나오는 **실습 문제를 모두 풉니다.** 단, 반드시 100점을 받지 않아도 돼요!

미션 2

02~07장에 나오는 [하트여왕의 미션] 문제에서 **평균 점수 80점 이상을 받으세요.**

엘리스에서 발급한 '파이썬 이수증'

파이썬 이수증 받기

1. 엘리스 아카데미(https://academy.elice.io)에 접속한 후 〈내 학습〉에서 'Do it! 첫 파이썬' 과목을 클릭하세요.

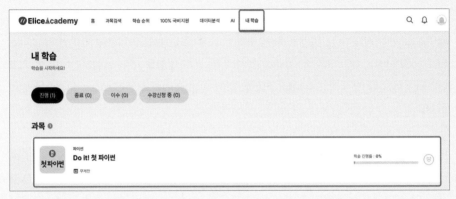

'Do it! 첫 파이썬' 과목 선택

2. [학습 현황] 탭에서 〈이수증 받기〉를 클릭하면 이수증이 다운로드됩니다.

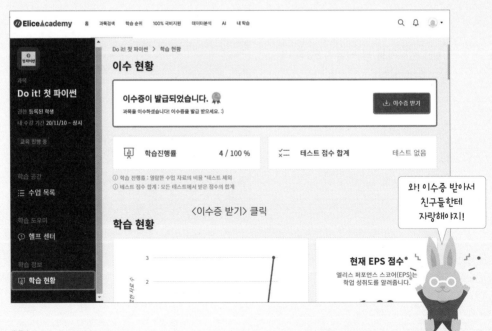

〈이수증 받기〉 클릭

같은 프로그래밍을 하더라도 사람마다 다르게 작성할 수 있어요. **여기에서 제시하는 정답은 예시 답안일 뿐입니다. 유일한 정답은 아니라는 뜻이죠.** 그러므로 정답을 보기 전에 먼저 여러분 스스로 코드를 직접 작성해 보세요.

친구들은 어떻게 코드를 작성했는지, 나는 왜 이 코드를 사용했는지 의견까지 나눈다면 여러분은 미래의 코딩 왕!

2장

5분 코딩 01 | 삼행시 짓기   41쪽

```
print('바: 바밤바는')
print('밤: 밤이 들어간')
print('바: 바이다')
```

5분 코딩 02 | 신비한 자료 사전 만들기   47쪽

```
print(15)
print('김코딩')
print([15, '김코딩'])
```

5분 코딩 03 | 그릇의 달인 변수 만들기   53쪽

```
my_var = '안녕'
print(my_var)
```

5분 코딩 04 | 알쏭달쏭 수수께끼 풀기   56쪽

```
num1 = 12
```

```
num2 = num1 + 10
answer = num2 / 2
```

5분 코딩 05 | 거꾸로 계산하기   58쪽

```
ans1 = 3 % 2
ans2 = 4 ** 2
```

5분 코딩 06 | 얼쑤! 자진모리 장단 만들기   60쪽

```
str1 = '덩덕' + '쿵덕'
str2 = '쿵덕' * 2
jajinmori = (str1 + str2) * 2
```

5분 코딩 07 | 빛나는 보석 찾기 I   67쪽

```
jewel1 = bag1[2]
jewel2 = bag2[2:5]
```

미션 01 | 계단 별자리 만들기 I   70쪽

```
# 1
print('*')
print('**')
print('***')
print('****')
print('*****')

# 2
print('*' * 1)
print('*' * 2)
print('*' * 3)
print('*' * 4)
print('*' * 5)
```

해설 5층짜리 계단 모양의 별자리를 만들려면 별을 다섯 줄 출력해야 하므로 print()문을 다섯 번 사용합니다.
\# 1처럼 '*'을 일일이 입력해도 되고, \# 2처럼 문자열 반복하기(곱셈)를 활용할 수도 있습니다. 05장에서는 계단 모양의 별자리를 더 간결하게 작성하는 방법도 배울 거예요.

미션 02 | 날씨 관리자 대신 일하기   71쪽

```
c = 18
f = c * (9/5) + 32
print(f)
```

해설 섭씨온도를 화씨온도로 바꾸는 변환식에 섭씨온도가 저장된 변수 c를 넣으면 화씨온도 f를 구할 수 있습니다. 파이썬의 연산자를 이용해서 c에 9/5를 곱한 후 32를 더한 값을 화씨온도 변수 f에 저장하세요. f를 출력하면 섭씨온도 18°C가 화씨온도(°F)로 바뀌어 나타날 거예요.

3장

5분 코딩 08 | 따라쟁이 앵무새   77쪽

```
var = input()
```

5분 코딩 09 | 두 배로 불려 주는 홍학   81쪽

```
money = input()
money = int(money)
print(money * 2)
```

5분 코딩 10 | 명제 만들기   86쪽

```
ans1 = 2 > 1
ans2 = 0 != 0
```

5분 코딩 11 | 빈칸 추론해 명제 만들기   89쪽

```
stat1 = 2 < 4 and 3 == 3
stat2 = 4 >= 6 or 'apple' == 'Apple'
```

5분 코딩 12 | 줄지 않는 쿠키 상자   93쪽

```
if cookie < 0:
    cookie = cookie * -1
```

5분 코딩 13 | 홀짝 판별기   95쪽

```
if num % 2 == 0:
    print(num, '짝수입니다.')
else:
    print(num, '홀수입니다.')
```

5분 코딩 14 | 업다운 게임   100쪽

```
ans = 25

if num > ans:
    print('그 수보다 작아요.')
elif num < ans:
    print('그 수보다 커요.')
else:
    print('정답!')
```

미션 01 | 자릿수 판별기   104쪽

```
num = int(input())

if 1 <= num and num < 10:
```

```python
    print('한 자리 숫자입니다.')
elif 10 <= num and num < 100:
    print('두 자리 숫자입니다.')
else:
    print('세 자리 숫자입니다.')
```

🐰 **해설** 입력받은 값의 자릿수에 따라 다른 문장을 출력해야 하므로 if~elif~else 문을 이용할 거예요.

한 자리 숫자는 1 이상 10 미만이므로 조건을 1 <= num and num < 10라고 적어 줍니다. 이를 좀 더 줄여서 1 <= num < 10라고 써도 됩니다. 그 아래 줄에 들여쓰기를 하고 명령을 적습니다.

elif 문에는 두 자리 숫자일 경우, 즉 10 이상 100 미만일 경우 같은 방식으로 적고 명령을 적습니다.

이제 세 자리 숫자일 경우만 남았습니다. 문제에서 입력받는 수의 범위가 1~999 사이에 있다고 했으므로 if 문과 elif 문의 조건이 모두 거짓인 경우는 모두 세 자리 숫자입니다. 따라서 세 자리 숫자를 입력받을 경우를 else 문으로 처리합니다.

미션 02 | 선생님의 마음으로   105쪽

```python
score = int(input())

if score == 0:
    print('F')
elif score >= 88:
    print('A+')
elif score >= 77:
```

```python
    print('A0')
else:
    print('B+')
```

🐰 **해설** 조건문을 만들 때 조건 사이에 포함 관계가 있을 경우에는 **범위가 작은 조건부터** 먼저 명령을 내리는 것이 좋습니다.

77점 미만인 학생에겐 B+를 주어야 하지만, 그 중 0점인 학생에겐 F를 주어야 합니다. 77점 미만인 조건 안에 0점인 조건이 포함되어 있으므로 더 작은 범위인 0점인 조건에 대해 먼저 명령을 내려야 합니다.

마찬가지로, 77점 이상인 학생에겐 A0를 줘야 하지만 그중 88점 이상인 학생에게는 A+를 줘야 합니다. 따라서 범위가 더 작은 88점 이상일 경우에 대한 코드를 먼저 씁니다.

파이썬은 기본적으로 위에서 아래 순서로 코드를 실행합니다. 따라서 77점 이상일 경우 A0를 주는 명령을 먼저 작성하면, 77점 이상의 어떤 점수이든 무조건 A0를 출력하는 명령을 실행합니다. 따라서 88점 이상인 score에 대해서 A+를 주려면 이 조건을 먼저 해결해야 합니다.

4장

5분 코딩 15 | 선착순! 줄을~ 서시오   112쪽

```python
line_up.append('홍학')
line_up.append('토끼')
```

5분 코딩 16 | 새치기의 달인 도도새   114쪽

```python
line_up.insert(1, '도도새')
```

```
train.insert(0,'동빈')
train.sort()
```

🐰 **해설**　서울역에서는 append()로 승객 '주아'를 맨 뒤에 태웁니다.

대전역에서는 '동빈'을 맨 앞에 태워야 합니다. 이번에는 맨 뒤가 아니므로 append()를 사용할 수 없습니다. 그 대신 insert()를 사용하면 원하는 인덱스에 원소를 추가할 수 있습니다.

마지막으로 sort()를 이용하면 승객의 자리가 사전순으로 정렬됩니다.

```
if '딸기' in fruits:
    fruits.remove('딸기')
else:
    print('딸기는 fruits 안에 없습니다!')
```

🐰 **해설**　딸기는 열대 과일이 아니므로 장바구니에 들어 있다면 제거해야 합니다. 그런데 만약 장바구니에 없는 과일을 제거하면 오류가 발생해요. 따라서 먼저 딸기가 장바구니에 들어 있는지 확인해서, 있다면 제거하고 없다면 원소가 없다고 말하는 구문을 출력하는 코드를 작성해야 합니다. 조건에 따라 다른 내용을 실행하려면 if~else 문을 사용합니다.

어떤 자료가 시퀀스 안에 있는지는 in 연산자를 이용해 확인합니다. if 문의 조건으로 in 연산자를 활용한 멤버 조회 구문을 적고, 조건이 거짓일 경우 그 멤버(과일)를 제거하는 명령을, 거짓일 경우 else 문에서 그 멤버(과일)가 없다는 내용을 출력하는 명령을 내립니다.

5분 코딩 24 | 열 마리 코끼리가
거미줄에 걸렸네　146쪽

🐰 해설　Q print() 함수가 몇 번 실행되었나요? A for 문의 명령 print() 함수가 열 번 반복되었습니다. Q for 문에서 i의 역할은 무엇인가요? A i는 반복문의 범위인 시퀀스가 하나씩 대입되는 변수입니다. Q for 문은 언제 사용하면 좋을까요? A 시퀀스와 관련된 반복문에서 사용하는 것이 좋습니다. Q for 문의 변수 이름은 마음대로 지어도 될까요? A 물론입니다! 다만 변수 이름만 봐도 어떤 자료가 담겨 있는지 누구나 쉽게 알 수 있는 이름이면 더욱 좋습니다.

5분 코딩 25 | 쌀과 씰　151쪽

```
for i in mix:
    if i == '쌀':
        count = count + 1
```

5분 코딩 26 | 100까지 셀 동안
꼭꼭 숨어라!　157쪽

```
for i in range(1, 101):
    print(i)
```

5분 코딩 27 | 19단을 외자　160쪽

```
for i in range(1, 20):
    print(19 * i)
```

5분 코딩 28 | I Love Python!　161쪽

```
for i in range(3):
```

```
    print('I Love Python')
```

5분 코딩 29 | 카운트다운　165쪽

```
while i > 0:
    print(i)
    i = i - 1
```

5분 코딩 30 | 10년 형에 처한다　167쪽

```
while i <= 10:
    print(i,'년째 수감 중입니다.')
    i = i + 1
```

5분 코딩 31 | 도도새의 적금 타기　172쪽

🐰 해설　Q 어떤 작업을 하는 코드인가요? A 명령이 무한정 실행되다가 if 문의 조건이 참일 경우 break를 사용하여 반복문을 빠져나오는 코드입니다. Q while 문의 조건에 True가 들어갔어요. 어떤 의미일까요? A while 문의 조건에 True를 넣으면 조건이 항상 참인 무한루프가 만들어집니다. Q i = i + 1을 해준 이유는 무엇일까요? A 처음에 변수 i에 1이 저장되어 있습니다. i가 12, 즉 12월이 될 때까지 한 달씩 늘어나야 하므로 반복할 때마다 i에 1을 더해 주는 것입니다. Q 04번 줄의 print(i,'월 1만 원을 입금했습니다.')와 05~07번 줄인 if 문의 위치를 바꾸면 어떻게 될까요? A 11월까지만 입금이 됩니다. i==12가 되면 break가 실행되어 반복문을 빠져나오므로 마지막 문장인 '12월 1만 원을 입금했습니다.'는 출력되지 않는 것이지요.

5분 코딩 32 | 위기 탈출 넘버원　174쪽

```
while True:
    sum = sum + i
    if i == 10:
        break
    i = i + 1
```

미션 01 | 계단 별자리 만들기 II　177쪽

```
star = int(input())
for i in range(1, star + 1):
    print('*' * i)
```

🐰 **해설**　입력받은 수만큼 층이 있는 계단 모양 별자리를 출력해야 하니 반복할 범위는 '입력받은 층의 개수'입니다. 즉, star개를 반복할 범위로 사용하면 되지요. 이때 1층에는 별 1개, 2층에는 별 2개, ..., n층에는 별 n개가 놓여 있어야 합니다. 따라서 명령에 변수 i를 사용해 문자열 '*'과 곱해 출력하는 명령을 작성합니다.

i가 반복문의 명령문 안에서 '*'과 곱해지는 숫자로 사용되므로 range() 소괄호 안에 적어야 하는 범위는 1부터 star개까지입니다. 이때 종료 인덱스는 star + 1이라고 적어 주어야 star + 1의 미만인 star까지 반복됩니다.

미션 02 | 치즈 치즈!　178쪽

```
while True:
    cheeze.append('치즈')
    print('치즈 추가!')

    if len(cheeze) == 50:
```

```
        break
print('아이~ 배불러!')
```

🐰 **해설**　무한루프로 리스트에 문자열 '치즈'를 추가하다가 리스트 안의 '치즈'가 50개가 되면 break를 걸어 무한루프에서 빠져나오도록 만들어야 합니다.

while True:라고 적어 무한루프를 만듭니다. 이어서 줄을 바꾸면서 리스트에 문자열 '치즈'를 추가하는 것과 문자열 '치즈 추가!'를 출력하는 명령을 각각 적어 줍니다.

이제 무한루프를 탈출할 구멍을 만들어 줘야 합니다. 치즈가 계속 추가되다가 50개가 되는 순간 break가 걸리도록 if 문을 작성합니다. len() 함수로 리스트 원소의 길이를 구하세요. 이 길이가 50과 같아지는 순간이 break가 걸리는 순간입니다.

마지막으로 while 문 밖에 '아이~ 배불러!'를 출력하면 코드 완성!

6장

5분 코딩 33 | pop과 count　187쪽

```
var = my_list.count(3)
```

```
my_list.pop(1)  # [1, 2, 3, 3, 3]
my_list.pop(2)  # [1, 2, 3, 3]
my_list.pop(2)  # [1, 2, 3]
```

5분 코딩 34 | 붙이기의 달인　192쪽

```
my_list = ['Seeing', 'is', 'Believing']
var = ' '.join(my_list)
```

```
lyrics_list = lyrics.split(',')
print(lyrics_list[16])
```

```
my_tuple = (1, 2, 3, 4, 5)
var1 = my_tuple[2]
var2 = my_tuple[0:3]
var3 = len(my_tuple)
```

```
my_dict = {'사과':'apple', '바나
나':'banana', '당근':'carrot'}
my_var = my_dict['사과']
del my_dict['당근']
my_dict['체리'] = 'cherry'
```

```
my_dict[[1, 2, 3]] = '리스트'
# 실행해 본 후 이 코드를 지우고 아래 코드
를 적으세요

my_dict[(1, 2, 3)] = '튜플'
# 이 코드를 적은 후 다시 실행해 보세요
```

```
jeju_dict = {'혼저 옵서':'어서오세요',
'지꺼지게':'즐겁게', '놀당 갑서양':'놀다
가세요'}

for i in jeju_word:
    print(jeju_dict[i])
```

해설   제주 방언을 먼저 듣고 이에 대응하는 표준어를 알고 싶은 것이니 제주 방언이 Key, 표준어가 Value인 딕셔너리를 만들면 됩니다.

이제 제주 방언에 대응하는 표준어를 한 줄에 하나씩 출력하는 반복문을 만들어야 합니다.

제주 방언을 모두 표준어로 바꾸어야 하므로, for 문의 범위는 제주 방언이 담긴 리스트인 jeju_word로 설정합니다. 반복문의 명령문으로는 jeju_word 원소의 표준어를 출력하는 코드를 작성하면 됩니다.

앞에서 만든 딕셔너리 jeju_dict의 Value가 출력되면 되겠지요. Value에 접근하는 방법은 jeju_dict[Key]와 같이 Key를 통해서 가능합니다. 이때 jeju_dict의 Key는 jeju_word의 각 원소이므로, 반복문의 변수 i를 Key 자리에 그대로 사용할 수 있습니다. 즉, 반복문이 반복되면서 i에 jeju_word의 원소 '혼저 옵서', '지꺼지게', '놀당 갑서양'이 하나씩 대입될 때마다 print(jeju_dict['i'])가 실행되어 모든 표준어가 출력됩니다.

7장

```
big = max(pumpkin)
small = min(pumpkin)
```

```
var1 = sum(my_list)
var2 = len(my_list)
var3 = var1 / var2
```

```
def greeting():
    print('bonjour')

greeting()
```

```
def my_star(a):
    return '*' * a

print(my_star(3))
```

```
greeting = '밥 먹었니?'

def busan():
    greeting = '밥 뭇나?'
```

```
score.append(90)
score.pop(5)
```

```
import math

num2 = math.pow(6, 13)

if num1 > num2:
    print('7의 12제곱이 더 큽니다')
else:
    print('6의 13제곱이 더 큽니다')
```

```
def my_max(nums):
    max_num = nums[0]
    for i in nums:
        if max_num < i:
            max_num = i
    return max_num
```

해설   예시 답안은 임의의 최댓값 max_num을 지정하고 리스트 안의 원소를 max_num과 하나씩 비교하면서 원소가 더 클 경우 max_num에 그 원소의 값을 저장한 후, 원소 비교 작업이 끝나면 max_num에 가장 큰 값이 저장되도록 만드는 방법입니다.

임의의 최댓값 max_num은 –9999처럼 아주 작은 값으로 정할 수도 있지만, 만약 리스트 안의 모든 원소가 –9999보다 작은 수일 경우에는 최댓값을 제대로 구해 주지 못합니다. 따라서 임의의 최댓값 max_num은 리스트 안에 있는 숫자 중에서 아무거나 지정하는 것이 좋습니다. 예시 답안에서는 nums[0], 즉 첫 번째 원소를 임의의 최댓값으로 정했습니다.

이제 리스트 nums를 for 문의 범위로 하여 max_num보다 해당 원소가 클 경우 max_num에 그 원소를 저장하는 코드를 작성해 줍니다.

마지막으로 max_num을 반환해 주는 코드를 작성하면 최댓값을 구해 주는 my_max() 함수가 완성됩니다.

```
# 1
def neverland(q):
    first = q.pop(2)
    q.sort()
    q.insert(0, first)
    return q

# 2
def neverland(q):
    first = q.pop(2)
    q.sort()
    return [first] + q
```

해설 토끼가 놀이 기구 타는 순서를 읽어 보면, 인덱스 2에 해당하는 놀이 기구는 무조건 첫 번째로 타고, 이를 제외한 나머지 놀이 기구는 대기 시간이 짧은 순서대로 탑니다. 따라서 전달 인자로 리스트를 입력받았을 때 인덱스 2에 해당하는 리스트의 원소를 맨 첫 번째 원소로 가져오고, 그 뒤에 오름차순으로 정렬된 리스트를 만들어야 합니다.

코드는 다음과 같은 순서로 작성합니다.

1. 리스트 q의 인덱스 2인 원소를 제거하고, 그 값을 변수 first에 저장합니다.
2. 리스트 q를 오름차순으로 정렬합니다.
3. 오름차순으로 정렬된 리스트 q의 맨 앞에 first를 삽입합니다.
4. 리스트 q를 반환합니다.

정렬 먼저 해 버리면 인덱스 2에 해당하는 원소가 다른 위치로 이동하므로, 먼저 인덱스 2에 해당하는 원소를 제거한 다음, 정렬한 후에 맨 첫 번째 원소로 더해 주어 리스트를 완성하는 방법을 사용합니다.

pop() 함수는 원소를 제거하면서 반환해 주는 기능이 있어 인덱스 2에 해당하는 원소를 제거하면서 다른 변수에 담아 저장할 수 있어요. 그러고 나서 sort() 함수로 정렬한 후에 first에 저장해 둔 원소를 insert를 통해 인덱스 0 자리에 삽입해 주면 코드가 완성됩니다!

2와 같이 간단히 쓸 수도 있어요. 리스트 q에서 pop()으로 제거한 값은 숫자형으로 first에 저장됩니다. 이를 반환할 때 대괄호로 감싸 리스트로 만든 후 리스트끼리 더해 주면 리스트가 연결되면서 [first]가 자연스레 맨 앞의 원소가 되겠지요.

기초 프로그래밍을 정식으로 배우고 싶다면?

Do it!
점프 투 파이썬

이미 300만 명이 이 책으로 시작했다!

중학생도 첫날부터 실습하는 초고속 입문서
키보드 잡고 한 시간이면
파이썬으로 프로그램 만든다!

난이도 ●○○○○
박응용 지음 | 22,000원

Do it!
점프 투 자바

Java 8~20
모든 버전 가능!

비전공자도 첫날부터 실습하는 초고속 입문서
현직 자바 개발자가 핵심만 골랐다!
키보드 잡고 15일이면 자바 기초를 끝낸다!

난이도 ●○○○○
박응용 지음 | 21,000원

웹 프로그래밍을 기초부터 시작하고 싶다면?

Do it!
HTML+CSS+자바스크립트
웹 표준의 정석

웹 분야 1위! 그만한 이유가 있다!
키보드를 잡고 실습하다 보면
웹 개발의 3대 기술이 끝난다!

난이도 ●○○○○
고경희 지음 | 30,000원

Do it!
자바스크립트
+제이쿼리 입문

난이도 ●●○○○
정인용 지음 | 20,000원

Do it!
반응형
웹 페이지 만들기

난이도 ●●○○○
김운아 지음 | 20,000원

Do it!
모던 자바스크립트
프로그래밍의 정석

난이도 ●●●○○
고경희 지음 | 36,000원